초보 창업 **컨설팅북**

전문 창업코디네이터가 알려주는 **실패하지 않는 창업비법**

초보 창업 컨설팅북

정효평·최용규 지음

BOOK
AGIT

계속 죽어야 살 수 있다

2014년에 개봉한 영화 〈엣지 오브 투모로우〉는 가까운 미래, 외계 종족의 침략으로 멸망 위기를 맞는 인류의 이야기를 그렸습니다. 주인공은 전투 경험이 전혀 없는 홍보 장교 빌 케이지(톰 크루즈)입니다. 그는 자살 작전이나 다름없는 작전에 훈련이나 장비를 제대로 갖추지 못한 상태로 배정되고 너무도 당연하게 전투에 참여하자마자 죽음을 맞습니다. 하지만 불가능한 일이 일어납니다. 그가 다시 끔찍한 날이 시작된 시간에 다시 깨어나 또다시 전투에 참여하게 되는 것입니다. 그리고 다시 죽었다가 또 살아나는 일을 되풀이하게 됩니다. 외계인과의 접촉으로 같은 시간대를 반복해서 겪게 되는 타임 루프에 갇혔던 것입니다.

결국 이러한 특별한 상황 덕분에 지구방위군은 승리를 거두고 인류의 역사는 바뀌게 됩니다. 빌 케이지가 수없이 죽고 살아나기를 반복하면서 전술적 감각이 계속 성장하였고 획기적인 시도를 통해서 결국 이기는 방법을 깨달았기 때문입니다.

이 영화를 보면서 제가 하는 일인 창업에 관한 사실들에 대해 생각해 보았습니다. 사실 수많은 사람은 훈련이나 장비를 제대로 갖추지 못하고 창업이란 전쟁터

에 뛰어듭니다. 이들은 생존을 위한 치열한 전투를 벌여야 합니다. 단 한 번의 실수도 돌이킬 수 없는 결과를 가져올 수 있는 무시무시한 전쟁터에 그들은 던져지며 수많은 사상자가 발생하고 있는 것이 현실이자 비정한 사실입니다.

그래서 수많은 사람이 창업하면서 실패를 두려워합니다. 그래서 죽음을 불사할 각오로 결연한 의지를 다집니다. 꼭 잘 돼야 하고 성공해야 한다고 말입니다. 그들이 이렇게 간절한 이유는 모

든 것, 목숨 같은 돈 전부를 걸었기 때문입니다. 만약 실패한다면 생물학적 죽음은 아닐지라도 사회, 경제적으로 거의 죽음에 가까운 회생불능의 상태에 빠질 가능성이 매우 높기 때문입니다. 그렇기 때문에 우리는 창업 앞에서 두렵고, 망설일 수밖에 없습니다. 당연합니다. 그래야 합니다. 우리에게는 빌 케이지처럼 두 번째, 세 번째 기회란 주어지지 않기 때문입니다.

만일 우리가 실패해도 다시 살아날 수 있다면 즉 다시 도전할 기회와 자금이 있다면 창업이 두렵지 않을 것입니다. 뭐든 거리낌 없이 시도해 보고 실험할 것이며 실패한다 해도 그 원인을 분석하고 새롭고 획기적인 도전으로 분명 목표를 이루어낼 것입니다. 우리는 반복을 통해 반드시 성공하는 길을 찾아낼 것이기 때문입니다. 완벽한 사업가란 그렇게 탄생하는 것이니까요.

하지만 안타깝게도 대부분의 예비창업자에게 그렇게 많은 기회가 주어지지 않습니다. 투자금이 제한되어 있고 경쟁이 심해 무엇인가를 도전해 본다는 것이 큰 모험이자 무모하게 보이기까지 합니다. 그런 이유로 결국 선택하게 되는 것은 그나마 안정적으로 보이고, 누구나 해도 괜찮을 것 같은 검증된 아이템입니다. 바로 프랜차이즈로 향하는 것이죠.

하지만 프랜차이즈란 누군가 이미 만들어 놓은 시스템입니다. 이미 전투에서 어느 정도 효과가 검증된 체계화된 무기를 가지고 있다는 의미입니다. 하지만 마치 빌 케이지가 처음 입어본 첨단 전투 수트처럼 부자연스럽고 어쩌면 거추장스러운 전투 장비일 수 있습니다. 결국 싸움은 장비를 운용하는 전투원의 몫입니다. 비싸고 효율적인 시스템이 자동으로 자신을 지켜주거나 싸워주는 것이 아닙니다.

어쩌면 수없이 '죽고 사는 전투'를 경험하면서 장비의 기능과 목적을 이해하고 자유자재로 다룰 수 있어야 전사로서 승리하게 되는 것입니다. 여기에 막대한 돈을 투자해서 프랜차이즈란 장비를 소유한다 한들 생존이 보장되지 않는 이유가 있습니다. 빌 케이지가 첫 번째 전투에서 실탄 발사를 위한 안전장치조차 풀지 못하고 죽음을 맞이하는 이유와 같습니다. 잘 만들어진 시스템이라도 내가 익숙하고도 효율적으로 사용하지 못한다면 오히려 거추장스러운 짐에 불과할 수 있습니다. 그렇게 익숙하지 않은 무거운 고가의 장비를 장착하고 제대로 훈련받지 못한 채 전장에 나가면 십중팔구 뻔한 결말을 맞습니다. 기동력이 떨어져 피하지도 못하고 요새를 이루고 있는 적의 먹이가 되는 것입니다. 창업 카페에 올라오는 질문들을 조금만 살펴보아도 어쩔 줄 모르고 우왕좌왕하는 당황한 창업자들의 비명을 들을 수 있습니다.

그렇다면 돈도 없고 경험도 없는 예비창업자가 재기 불능의 실패에 빠지지 않고 빌 케이지가 그랬던 것처럼 죽어도 다시 살 것을 확신하고 두려움 없이 도전하여 실패를 통해 배우고 결국 그 과정을 통해 성장하여 성공하려면 어떻게 해야 할까요?

그런 방법이 있다면 마다할 예비창업자는 없을 것입니다. 하지만 그것은 그다지 복잡하거나 어려운 방법이 아닙니다. 그 첫 번째 방법은 '최대한 적은 돈으로 창업하라'입니다. 극단적으로는 한 푼도 없이 시작하면 할수록 좋습니다. 물론 그것이 매우 어려운 일이라는 것을 인정합니다. 하지만 불가능하지 않습니다. 사실 많은 예비창업자는 이러한 제안을 받아들이기 어려워합니다. 그것이 이 책을 기획하게 된 이유입니다. 점포를 구하는 일에서부터 세무에 이르기까지 예비창업자가 창업을 준비하면서 직면하게 되는 고민을 함께 풀어내었습니다.

창업하는 데 있어 가장 많은 돈이 들어가는 곳은 어디일까요? 점포입니다. 상권 좋은 곳의 근사한 점포. 인테리어도 훌륭한 장사가 잘될 것 같은 점포에 가장 큰 자금이 들어갑니다. 사실 대부분의 예비창업자가 목 좋은 곳의 점포에 올인합니다. 물론 비싼 임대료는 기본이죠. 하지만 이렇게 여유가 없어지면 다른 어떤 시도도 하기 힘들게 됩니다. 돈 내고 들어간 감옥에서 옴짝달

싹을 못하게 됩니다. 이러한 상황을 피하기 위해서는 어떻게 해야 할까요? 최대한 적은 돈으로 시작할 수 있는 방법을 찾으셔야 합니다. 그리고 계속 도전하셔야 합니다. 실패는 당연히 하게 될 수 있습니다. 그러나 계속 도전할 수 있습니다. 왜냐하면 돈을 적게 들였으니까요. 무한정은 아니지만 스스로 성장할 수 있을 만큼의 시간을 벌 수 있기 때문입니다.

그래서 임대료가 싼 곳이 더 좋습니다. 고정 비용이 적어야만 계속 새로운 시도를 해 볼 수 있으니까요. 왜 안 팔리고 왜 안 되는지 이유를 분석할 수 있습니다. 이 책을 끝까지 읽어보시면 아마 아시게 될 겁니다. 그리고 혁신적인 시도를 해 볼 수 있습니다. 그리고 자신이 편한 방식으로 계속 도전할 수 있습니다. 이러한 과정을 통해서 분명 성장하게 됩니다.

그럼 이제, 함께 가 보시겠습니까?

차례

PART 2 택스코디를 만나다

제6장 돈과 세금은 함께 다닙니다

제7장 알아두면 도움이 되는 정부지원제도

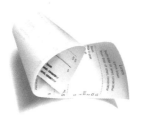

PART 1

프리코디를 만나다

안녕하세요. 프리코디입니다. 저는 창업하기 전에 애초에 다르게 시작해서 성공적인 창업을 이루고 자유로운 삶을 찾을 수 있도록 도와주는 일을 합니다. 그래서 미리Pre와 자유Free를 공유하는 프리Pre-Free코디네이터Coordinator입니다. 저와의 대화를 통해 많은 영감 얻으시길 바랍니다.

초보창업자를 위한
좋은 프랜차이즈는 없다!

❶ 창업은 최소한의 돈으로 시작하라

프리코디 : 많은 분이 창업을 하지만 그 과정이나 순서는 대부분 비슷합니다. 해봤던 일이나 안 해봤던 일이나, 자신이 있는 일이나 없는 일이나, 다들 어렵다고만 하니 창업하는 것에 두려움이 클 수밖에 없습니다. 하지만 해봤던 일이라고 늘 성공하거나 안 해봤던 일이라고 꼭 실패하는 것이 아닙니다. 창업이 실패하는 이유는 사실 다음과 같습니다.

첫 번째, 처음부터 잘못된 창업의 시작은 돈입니다. 준비된 돈에 맞춰서 창업하기 때문에 사람들은 실패합니다. 1억이 준비된 사람은 1억에 맞게, 10억이 준비된 사람은 10억에 맞게 사람들은 대개 창업을 준비합니다. 10억이 준비된 사람이 3천만 원이 필요한 테이크아웃 전문점을 오픈하려고 하지 않습니다. 오히려 가진 모든 것을 쏟아붓는 모험을 하기 마련입니다. 그게 얼마가 되었든 너무나 소중하고도 어렵게 마련한 돈입니다. 그냥 없어져도 되는 돈으로 심심해서 창업하는 분들은 없겠죠?

 예비창업자 : 저도 직장생활 하다가 비전도 안 보이고 언젠가는 해야 할 창업이라 생각하니 하루라도 더 빨리 시작하는 게 낫지 않나 싶어 열심히 준비하고 있습니다. 그래서 현재 마련된 자본으로 무엇을 해야 할지 고민하고 있습니다. 사실 여러 경로를 통해 좋은 아이템을 찾았고 그걸 하기 위해 필요한 돈을 구하긴 했는데, 다양한 변수들에 대한 대처 방안들을 고민하고 있어요. 이런 사고가 잘못된 건가요?

 프리코디 : 네. 그 여러 경로를 통해 찾은 좋은 아이템이 프랜차이즈는 아니면 좋겠네요. 만일 그렇다면 그것은 잘못됐다고 생각합니다. 왜냐하면 다른 사람들과 다르지 않기 때문입니다. 어렵게 준비한 소중한 돈으로 사람들은 어떤 사업을 하고 싶을까요? 누가 봐도 안정된 사업, 검증된

사업, 망하지 않을 것 같은 사업을 하려고 합니다. 당연하지 않나요? 그래서 창업하려는 사람들의 눈높이가 거의 비슷해집니다. 다시 말하면 좋아 보이는 사업 아이템을 대하는 창업자의 관점과 태도가 모두 동일하다는 것입니다. 사장님의 눈에 좋아 보이는 아이템은 다른 사람들 눈에도 좋아 보인다는 것이죠. 그것은 곧 경쟁이 심하다는 것을 의미합니다.

예비창업자 : 하지만 그렇기 때문에 저를 포함한 대다수 창업자가 프랜차이즈를 선택할 수밖에 없는 거 아닐까요? 그런데 저부터도 달리 대안이 없어요. 그렇다고 뭐 배운 기술도 없고 할 줄 아는 것도 없는데 요리학원이나 제빵기술을 배워서 언제 시작하나요? 오랜 전통으로 쌓아온 특별한 레시피도 없는데 언제 배워서 언제 전문가 되고, 장사해서 언제 돈 벌겠습니까? 전문가 된다고 장사가 다 잘 되는 것도 아니고 메뉴도 개발해야 하고 홍보도 해야 되고 재료 조달도 잘해야 하고 손질도 해야 하고 끝이 없잖아요. 트렌드는 계속 변해가는데 가만히 손 놓고 있다가는 아무것도 못 하고 돈 다 날릴 것 같아서 조바심도 납니다.

프리코디 : 네. 그렇죠. 다들 비슷하게 사장님처럼 쉽게 프랜차이즈를 선택하는 이유이기도 합니다. 대량

구매로 유통할 테니 재료 구매단가도 낮을 것 같고, 메뉴와 매뉴얼도 정해져 있을 것 같고, 홍보도 해줄 것 같고, 상권분석도 해준다고 하니 얼마나 좋을까요? 그들은 이렇게 말합니다.

"초기 비용만 준비하시면 나머진 우리가 다 해드릴게요. 사장님은 돈 셀 준비만 하세요."

그런데 과연 그럴까요? 그럼 전부 다 잘 돼야 하는 거 아닌가요? 다 아시잖아요. 전혀 그렇지 않다는 걸요. 말도 안 되는 소리라는 걸요. 사실 전 그런 방식이 실패를 향한 지름길이라고 말씀드립니다. 기분 나쁠 수도 있습니다. 기분 좀 나쁘면 어떤가요? 망해서 모든 걸 잃는 것보다는 낫지 않나요? 기분 나빠서 그냥 무시할 수도 있겠습니다만 그 또한 사장님의 선택이라 제가 뭐라 드릴 말씀은 없습니다. 하지만 이렇게 생각해 보시면 어떨까요? 돈이 없다고 생각해 보는 겁니다. 설령 있다 하더라도 최소한의 돈으로 창업한다고 생각해 보는 겁니다. 그럼 선택의 폭이 굉장히 좁아지겠지요? 할 수 있는 게 별로 없을 것 같지요. 하지만 절대 그렇지 않습니다. 오히려 버리면 버릴수록 할 수 있는 것들이 더 많아집니다. 이 얘기는 차차 하기로 하고요.

우선 프랜차이즈 본사의 홍보 얘기 한 번 볼까요? 실제로 본사의 도움으로만 성공한 사장님을 본 적 있나요? 물론 있습니다. 아주 소수이지만 같은 프랜차이즈 안에서도 잘 되는 곳은 분명히 있습니다. 하지만 그건 점주의 개인역량이 뛰어난 것일 뿐입니다. 잘난 사람들은 뭘 해도 잘합니다. 원래 잘난 사람들이 프랜차이즈를 하면 그것도 잘 됩니다. 하지만 대부분은 어렵습니다.

누군가는 그것을 본사가 상권분석을 잘했기 때문이라 말합니다. 정말 어처구니없는 얘깁니다. 그렇다면 잘되지 않는 점포는 그 이유가 무엇일까요? 잘 생각해 보시면 너무 쉽습니다. 그 사장님이 부족하기 때문이죠. 준비가 안 된 겁니다. 보통 몇천에서 몇 억까지 준비해서 프랜차이즈를 하게 되는데 그 정도의 돈을 준비할 수 있는 예비 창업자는 너무나 많습니다. 다시 말하면 경쟁 상대가 매우 많다는 겁니다. 돈만 준비하면 모든 것이 다 잘 될 것 같지만 실상은 그냥 또 다른 경쟁 시장에 던져지는 것뿐입니다. 아무것도 몰라서, 처음이라서 프랜차이즈를 찾은 사장님이 처하게 될 현실이지요.

예비창업자 : 듣고 보니 너무 쉽게 창업을 생각한 듯하네요. 창업박람회에서 상담받을 때는 상당히 고무됐는데요. 제가 열심히 찾은 이 아이템은 이 정도 자본이면 승산이 있다고 보았거든요. 그런데 지나면서 계속 보이는 상가들에 손님은 없고, 한 집 건너 '상가 임대'라고 붙은 안내문을 보면 '경기가 안 좋다', '지금은 창업하지 마라'고 말리는 소리는 들리고 준비한 돈을 잃을까 봐 걱정도 되고요. 그럼 제가 마련

한 자금을 아껴서 할 수 있는 그리고 실패하지 않을 대안이 있다
는 건가요? 있다면 한 번 제시해 주세요. 그런 게 있기나 한가요?

 프리코디 : 하하, 사장님 상당히 급하시네요. 창업에
대한 사장님의 생각이 조금 더 유연해지시면 좋겠네
요. 그럼 창업을 하고도 힘들지 않으려면 어떻게 해
야 할까요? 보통 가게를 열고 장사가 안되면 어떻게 될까요? 얼
마나 버틸 수 있을까요? 가장 큰 고정비용이 뭘까요?

 예비창업자 : 개업 효과라도 있겠죠. 그런데 안 되면
피가 마르겠죠. 다들 그렇게 말씀하시더라고요. 가장
큰 고정비라면 임대료와 인건비 아닐까요?

 프리코디 : 그렇지요. 그럼 그 고정비를 최소화할 수
있는 방법이 뭘까요? 가장 작게 시작해 보는 겁니다.
예를 들어 사장님이 준비한 창업 자본금이 1억이라
고 가정해 볼까요? 그게 여윳돈이 됐든 대출금이든 그중에 1~2
천만 원 정도로 창업을 할 방법을 찾습니다. 세부적인 내용은 어
렵지 않게 온·오프라인에서 구할 수 있을 겁니다.

예비창업자 : 적은 자본으로 시작한다? 그게 가능할까

요? 그게 가능한 일이면 죄다 그렇게 하게요? 대부분 그렇게 하지 않는다는 건 안 되기 때문이지 않을까요? 도박에 가까운 모험을 누가 하려고 할까요?

프리코디 : 하하, 사장님. 진짜 도박은 기존의 방식대로 몰빵하는 게 도박 아닐까요? 전 그 준비된 자금의 10% 내외의 돈으로 작게 시작해야 한다는 건데요. 어떤 게 더 도박 같으세요?

예비창업자 : ……

프리코디 : 물론 점포를 얻을 보증금은 제외합니다. 그 돈은 대부분 회수할 수 있기 때문이죠. 그러면 8~9천만 원이 남습니다. 보증금을 포함했다면 5~6천만 원이 남을 수도 있고요. 여튼 최소한의 비용으로 창업을 하고 나면 오랜(최대 6개월~1년) 기간 수입이 없을 가능성도 있습니다. 사업자가 성장하는 그 수입이 없는 오랜 기간을 버티는데 돈은 꼭 필요합니다. 5~8천만 원을 아주 알뜰하게 생활비로 쓸 생각을 하시면 좋겠습니다. 4인 가족 생활비로는 1년 넘게 버틸 수 있겠죠? 그리고 반드시 창업을 하기 전에 최소한의 생활비로 살아보는 연습도 해 보시길 바랍니다. 생각보다 많은 돈이 들지 않

습니다. 쓸데 없는 보험이나 적금, 연금 같은 것들도 다 없애셔도 좋습니다.(이건 비공식적인 발언이라고 해두죠~~^^;;)

그리고 어느 순간 수입이 급격히 늘 수 있는 과정에 대해 얘기도 하겠습니다. 지금까지 창업자금의 활용 방법에 대해 얘기를 했습니다. 애초에 창업자금을 어떻게 활용하느냐에 따라 사업의 성패가 갈립니다. 당부드리고 싶은 것은 제발 돈으로 창업할 생각은 하지 말라는 겁니다.

 예비창업자 : …… 말장난하는 거 아니죠? 아니 1~2천만 원으로 무슨 사업을 한다는 건지 터무니없는 소리 같기도 하고, 시중에 널린 얘길 하자는 것도 아닐 테고, 자본금 몇백만 원으로 출장세차 또는 계단청소 같은걸 하라는 건 아니시죠? 하여튼 뭐 얘기한다고 돈 드는 것도 아니니 계속해 보시죠.

❷ 중심상권이 아니라 상품 본질에 집중하라

프리코디 : 그렇죠. 저랑 몇 시간 동안 얘기한다고 크게 손해 보실 건 없습니다. 사장님 생각을 계속 말씀해 주시면 답변도 해드리면서 제가 하고 싶은 얘기들을 하겠습니다. 지금까지 나눈 얘기는 에둘러 표현했지만 '돈으로 창업하면 망한다'는 내용이었습니다.

손님이 없어도 장사가 부진해도 한 일 년은 너끈히 버틸 수 있을 정도로 정말 작게 시작해 보고 작게 실패해 보고 그 이유를 찾아보는 성장의 시간을 가지셔야 한다는 것이 저의 지론입니다.

예비창업자 : 잠깐만요. 실패해 보고? 그런 얘긴 없었잖아요. 기껏 창업해서 실패해 보라니 뭔 소립니까?

프리코디 : '실패'라는 단어에 거부감이 클 수 있겠네요. 대한민국에서 살아가는 대부분이 '실패'를 경험하기 힘듭니다. 왜냐하면 성장하는 동안 그리고 어른이 되어서도 제대로 도전이라는 것을 해 본 적이 없기 때문입니다. 기껏해야 각종 시험에서 떨어진 정도가 다죠.

다시 돌아와서 창업에서 실패는 뭘까요? 손님이 없는 것입니다. 내가 제공하는 상품이 팔리지 않는다는 것입니다. 그게 실패입니다. 그런데 시작부터 준비한 돈 대부분을 털어서 소위 목 좋은 곳에서 가게를 시작했는데 장사가 안된다면 어떻게 될까요? 심하게는 망합니다. 고정비용을 감당할 수 없을 정도로 장사가 안 되면 망하는 겁니다. 불과 몇 달 만에 수억 원의 돈이 공중분해 됩니다. 생각하기도 싫은 끔찍한 상황인 겁니다.

그런데 말이죠. 정말 작게 시작해 보면 어떨까요? 고정비용이 정말 적어서 예를 들면 월 임대료가 3백만 원이 아니고 30만 원이라면 그리고 직원이나 아르바이트 없이 혼자 운영한다면 안 되도 크게 심각하지 않습니다. 엄밀히 말하면 실패지요. 작은 실패. 내 사업이 쓰러지지 않을 정도의 작은 실패. 그 실패의 원인을 분석하고 해결책을 찾는 시간이 절대적으로 필요합니다. 손님이 찾지 않거나 재방문으로 이어지지 않는 원인을 분석하고 해결책을 찾기 전에 마케팅이란 도구를 쓰면 망합니다. 마케팅에 관해서는 다시 얘기하기로 하고요. 소위 A급 상권이란 곳에서 망하면 참담한 상황에 직면하게 됩니다.

그래서 이번에는 창업하기 위해 어렵게 구한 소중한 돈이 가장 많이 들어가는 '점포'에 대해 얘길 해 볼까 합니다. 가장 많은 비중을 차지하는 요식업에 대한 예를 들겠지만, 업종 대부분이 마찬가지입니다.

예비창업자: 말씀 듣고 보니 그럴듯하기도 하지만 월세 30만 원에 혼자 작은 규모로 시작한다는 게 쉽지 않을 것 같은데요? 저도 지금 제일 큰 걱정이 점포 자리입니다. 도대체 어디에 점포를 얻고 어떻게 설비를 갖춰야 하는지 막막합니다. 상권분석도 해야 하고 인허가 관련 행정업무까지 해야 한다고 하니, 뭐 이래 저래 고민할 것들이 한둘이 아니잖아요.

 프리코디: 그렇지요. 점포에 대한 첫 번째 잘못된 상식은 위치에 대한 사장님들의 생각입니다. 대부분 점포가 가장 중요한 것은 위치라고 생각합니다. 바로 돈으로 직결되죠. 유동인구도 많아야 하고, 주차장도 있으면 좋겠고, '굳이 내 소유의 주차장이 아니더라도 주변에 공영주차장이라도 있으면 좋겠다'고 말이죠. 그리고 1층이어야 될 것 같다는 생각. 하지만 계속 반복해서 말씀드리겠지만 그 '누구나 할 수 있는 생각'을 하고 계신다는 것은 이미 포화상태인 경쟁 구도 속으로 자신을 밀어 넣는 행위라고 말씀드리고 싶습니다.

 예비창업자: 하지만 그렇게 해야 하는 거 아닌가요? 일단 유동인구가 많아야 팔리지요. 개미 새끼 한 마리 없는데 장사가 됩니까? 그리고 1층과 2층은 얼마

나 차이가 큰데요. 주차장이 있고 없고도 얼마나 중요한데 정말 뭘 알고서 떠드시는 겁니까? 괜히 시간만 낭비하는 거 아닌지 모르겠네요. (한숨)

 프리코디 : 하하. 너무 조급하게 생각하지 마시고요. 잠깐 경쟁에 대해 한번 생각해 보시면 좋겠네요. 지금 사장님께서 하신 말씀은 대부분의 다른 예비창업자가 생각하는 방식입니다. 계속 말씀드리지만 그건 경쟁한다는 뜻이고요. 경쟁한다는 것은 피가 마르는 길을 가겠다고 다짐하는 것입니다. 경쟁하지 않는 사업만이 살아남습니다. 경쟁해서 살아남는다는 것은 너무 힘든 일입니다. 살아도 사는 게 아닐 가능성이 높습니다.

 예비창업자 : 경쟁하지 않는 사업이라고요? 세상에 그런 게 어딨습니까? 말도 안 되는 소릴 자꾸 하시네. 아니 자영업자에게 독점시장을 만들라는 건가요? 대기업도 아니고. 어휴~~

 프리코디 : 자, 그럼 터무니없는 소린지 한 번 보겠습니다. 유동인구가 많은 곳에 오픈했습니다. 내 가게 앞을 지나는 모든 사람이 내 고객이 될까요? 물론 어

떻게 하느냐에 따라 그들을 내 고객으로 만들 수도 있습니다. 하지만 그들은 매출로 연결되기 어려운, 불특정 다수에 지나지 않습니다. 마치 TV 광고 같은 것이어서 아무 생각 없이 보고 지나칠 뿐입니다. '아 저런 게 있구나' '언젠가 들러볼까?'라고 생각하는 정도지요. 불확실성에 너무 큰 비용(비싼 임대료)을 내시는 겁니다. 다만 브랜딩 효과는 있습니다. 하지만 그 비싼 임대료 내는 자리에서 몇 달 장사 안되면 치명적이거나 망하는 영세 자영업자들에겐 적합하지 않은 방식입니다. 거대자본에 내줘야 할 자리입니다. 비싼 임대료 내고 목 좋은 곳에서 브랜딩 할 수 있는 것은 기업이라는 얘깁니다.

 예비창업자 : 그래서 홍보를 하는 거잖아요. 전단지도 돌리고, 각종 SNS 홍보, 버스광고, 전광판광고 같은 것들요. 장사는 돼야 하니까. 아무리 좋은 것도 있는 걸 알아야 와서 살 거 아닙니까! 저 어디, 차도 안 다니는 외진 골목 안에서 팔면 누가 알고 온답니까! 그래서 목이 중요한 거잖아요.

 프리코디 : 그 얘기도 나중에 하겠지만 그 홍보방식 역시 자영업자들이 접근할 방식은 아닙니다. 제가 지금 나름 맛집으로 소문난 가게의 사장님이 하신 말씀을

그대로 전달해 드릴테니 한번 들어보세요.

맛집 사장님 : "저도 동네 장사라 처음에는 홍보에 많은 투자를 했었습니다. 홈플러스에 LCD 광고, 마을 버스 광고, 아파트 엘리베이터광고, 전단, 지하철 벽면 광고 등 6~12개월간 비용을 내고(같은 시기에 해서 큰 비용을 냈습니다) 손님과 응대하면서 어떻게 오셨나, 광고를 보고 오신 것인지, 지인의 소개인지, 그냥 오신 것인지 등을 체크하면서 운영을 했습니다.

광고 홍보의 효과가 전혀 없다고는 할 수 없지만, 그 홍보의 효과가 짧은 시간에 표시가 나지 않는다는 단점도 있다고 느껴서 더 이상의 홍보비는 지출하지 않기로 하고(1년의 세월 뒤) 홍보비를 쓰는 대신 그 비용만큼 음식의 질을 높이거나, 서비스의 질을 높이는 데 쓰기로 하고 운영중입니다. 오랫동안 단골로 믿고 올 수 있는 가게, 내 지인에게 추천해 줄 수 있는 가게가 어떻게 하면 될 수 있을까 지금도 고민하고 있습니다."

프리코디 : 이것은 나름 매출 규모도 큰 식당을 운영하는 사장님의 말씀입니다. 다시 돌아가서 목적의식을 가진 사람들만이 내 고객이 됩니다. 식당이면 밥을 먹으려고 식당을 찾는 사람, 카페면 커피나 음료를 마시거나 사

람을 만나기 위해 오는 사람, 술집이면 각자의 취향에 맞는 술집을 찾는 사람들이 내 고객이 되겠지요. 아무래도 사람들이 많이 다니는 장소면 더 많이 들어오지 않을까 생각할 수 있지만, 사람들의 인식은 '그런 데가 있지'에 머문다는 겁니다. 만약 그와 같다면 위치 좋은 상가는 모두 번창해야 하는 거 아닌가요? 그런 상가도 임대 딱지가 붙어있는 이유는 뭘까요? 차라리 영업하지 않는 게 낫다는 거죠. 불경기 탓일까요? A급 상가, B급 상가라고들 합니다. 단언컨대 세상에 그런 등급의 상가는 없습니다. 그냥 자신만의 방식으로 운영하는 뛰어난 사장님이 있거나 그렇지 못한 사장님이 있을 뿐입니다.

사실 잘하는 사장님은 무슨 일이든 잘합니다. 뭘 팔아도 성공합니다. 하지만 못하는 사장님은 어떤 일이든 못합니다. 뭘 팔아도 실패합니다. 저는 잘하는 사장님이든 못하는 사장님이든 큰 비용을 들이지 않고도 잘하는 방법을 알려드리려는 겁니다. 그 편차를 최소화하는 방법 말이지요. 물론 그 안에도 못하는 사장님들은 실패할 수도 있겠지요. 하지만 실패하기도 힘든 전략을 짜는 것으로 실패 확률을 혁신적으로 줄일 수 있습니다.

 예비창업자 : 네? 실패하기도 힘든 전략이라고요? 완전 사기꾼 같은 소리만 하시네. 그런 게 있었다면 지금 자영업자들이 저렇게 힘들어하겠어요?

프리코디 : 하하. 사장님 흥분하지 마시고 일단 한번 들어보시는 게 어떨까요? 계속 말씀드리지만, 대부분이 하는 그 생각과 반대로 하시면 됩니다. 천천히 한번 풀어보시죠. 우선 사장님들이 중요하게 생각하는 그렇게 좋은 위치에 있는 상가는 가장 큰 문제점이 임대료가 비싸다는 겁니다.

사실 임대료는 운영 중 가장 큰 고정비용이 됩니다. 몇백만 원에서 몇천만 원까지 임대료를 냅니다. 도대체 뭘 팔기에 그리고 얼마나 팔기에 그리고 얼마나 비싸기에 그 막대한 비용을 감당할 수 있는 걸까요? 물론 그런 곳도 있겠지요. 하지만 그들은 기업에 가깝습니다. 대부분의 사장님과는 거리가 먼 얘깁니다. *그 비싼 임대료는 사장님이 파는 상품의 가격과 손익에 가장 큰 영향을 미칩니다.*

저 변두리에 있는 국밥집과 같은 재료로 같은 가격에 팔 수 있을까요? 그렇게 한다면 더 많이 팔아야겠지요. 얼마나 더 많이 팔아야 할까요? 그런데 팔 수 있는 시간은 한정되어 있습니다. 고작해야 점심 시간, 저녁 시간이지요. 그래서 규모를 크게 시작합니다. 그런데 그 큰 규모의 식당을 손님으로 다 채우질 못합니다. 목표 매출을 못 채우면 영업시간을 늘이고요. 심지어 24시간으로 합니다. 인건비는요? 단순히 사람이 많이 다닌다고 해서 주차장이 있다고 해서 1층이라고 해서 더 크다고 해서 더 많이 팔리지 않습니다. 심지어 인테리어까지 큰돈을 들여서 하시는 사장님들 문제는 따로 말씀드리기로 하구요. 목적의식을 가진 고객들이 찾아오게 해야 합니다. 그냥 사람 많이 다니는 곳을 선호한다는 것은 아무나 내 고객이 되게 하겠다는 것이고 뜨내기손님들이나 받으면서 장사를 하겠다는 것과 별반 다르지 않습니다.

 예비창업자 : 그건 좀 어폐가 있네요. 목이 좋은 곳을 선호한다는 것을 뜨내기손님이나 받으면서 장사하겠다는 것으로 매도하는 것은 억지 아닌가요? 단골이 생기기 더 쉬운 것 아닌가요?

 프리코디 : 그럴 수도 있겠네요. 하지만 이왕 장사하기로 하고 점포를 알아본다면 '한 번 왔던 사람은 꼭 또 오게 하겠다' '다른 사람들에게 자랑하게 만들겠다'는 강력한 의지를 갖고 점포를 찾아야 하는 거 아닐까요?

 예비창업자 : 그렇죠. 당연히 그렇게 생각하고 장사를 해야겠죠. 한 번만 오면 끝이라고 생각하는 사람이 어디 있겠습니까?

프리코디 : 그렇다면 더더욱 점포의 위치는 큰 의미가 없는 거 아닐까요?

 예비창업자 : 그러니까 더더욱 점포의 위치가 중요한 거 아닐까요? 일단 그 한 번을 오게 해야 두 번을 오게 하든 세 번을 오게 하든 할 거 아닙니까? 일단 오고 난 다음 얘기니까 위치가 그만큼 중요한 것으로 생각합니다.

프리코디 : 그렇게 손님들이 다시 오게 하려는 의지가 충만하다고 가정하죠. 하지만 역설적이게도 그 강력한 의지를 무력화하는 가장 큰 요인이 비싼 임대료 아닐까요? 임대료가 너무나 부담스러운 사장님은 고객들을 감동하게 할 만큼의 노력을 주력 상품에 담기 어렵습니다. 신선하고 좋은 재료를 구하기 어렵습니다. 마진율을 고민할 수밖에 없기 때문입니다. 따라서 고객을 감동시키기 어렵고 왔던 고객이 다시 오기 어렵습니다.

그런데 만약 프랜차이즈라면 어떨까요? 사장님이 결정할 수 있는 것이 거의 없습니다. 재료의 구매부터 메뉴의 종류, 가격까지 정해진 대로 받아서 파는 것만 할 수 있습니다. 상대적으로 개선을 위한 고민을 덜 하게 됩니다. 할 수 있는 게 거의 없기 때문입니다.

한 번 왔던 사람을 다시 오게 하고 생계를 유지할 정도의 매출 혹은 순익, 혹은 그 이상을 기대하려면 어떤 상품을 얼마의 가격에 하루에 몇 테이블을 회전시켜야 하는지 계산을 해야합니다. 그러기 위해서 점포의 규모나 테이블의 개수를 어림잡으셔야겠지요. 그 답안에 점포 임대료를 최소화할 수 있는 곳으로의 임대 계획을 추가하시면 운용의 묘를 살릴 방법은 엄청나게 많이 생깁니다.

 예비창업자 : 말은 그럴싸하지만 그런 게 계획한다고 해결이 되는 문제가 아니잖아요. 점포의 규모나 테이블 개수를 계산하면 뭐합니까? 임대료를 최소화할 수 있는 곳에 오픈해서 손님이 안 오면 다 소용없는 거 아닌가요? 손님을 어떻게 오게 할 것인가가 중요한 거 아닌가요? 역시 목으로 귀결되잖아요. 다니는 사람이 있어야 오지요. 아니면 홍보비를 엄청나게 쏟아붓거나요.

 프리코디 : 답은 이미 말씀드렸는데요. 한 번 온 사람을 다시 오게 하고 다른 사람에게 자랑하게 만들기. 그러려면 어떻게 해야 할 것인지 잠시 후에 '더 적게 일하고 더 많이 버는 전략'에 대해 천천히 얘기 나누시죠. 홍보비를 엄청나게 쏟아붓지 말아야 하는 이유도 말씀드리겠습니다.

예비창업자 : 사실 그 얘기가 궁금하긴 한데 하나씩 얘기하다 보면 나오겠죠. 뭐. 들어보고 아니다 싶으면 안 하면 되는 거니까요.

프리코디 : 그럼요. 언제나 선택과 결과에 대한 책임은 사장님 본인의 몫입니다. 자 그럼 다시, 하나를 포기하면 다양한 가능성이 생깁니다. 전 제일 먼저 누구나 갖고 싶어 하는 그 '목 좋은 비싼 점포'를 포기하라는 얘길 하는 겁니다. 그런 다음의 방법들은 차차 풀어내 보겠습니다. 너무 조급해하지 마시고요. 제가 제안하는 솔루션은 계속 반복적이며 결론도 하나로 귀결됩니다. 바로 사장님의 사업의 본질에 집중하시라는 겁니다. 진짜 중요한 게 뭔지 고민하시라는 겁니다.

점포의 위치 그 다음 문제가 인테리어 및 설비 비용입니다. 많은 사장님이 인테리어에 신경을 많이 씁니다. 택스코디님과 얘기 나눠 보시면 아시겠지만, 인테리어나 설비 비용의 세금처리 문제에 대한 궁금증은 다 해결되실 겁니다. 과세 유형을 정하는 데도 도움이 되실 테고요. 간이과세사업자로 출발하는 게 대부분의 경우 유리하다는 결론도 얻으실 겁니다. 그 부분은 택스코디님과 대화 나눠보시고요. 지금 저는 점포의 위치에 따른 과세 유형의 관계를 살짝 말씀드릴게요.

그 간이과세 배제업종과 지역이 있는데요. 그 지역이 앞서 말씀드린 점포의 위치와 정말 밀접한 관계가 있는 겁니다. 그 배제지역을 벗어나셔서 꼭 간이과세사업자로 출발하시길 바랍니다. 그러면 일단 비싼 임대료 걱정은 안 할 수 있습니다.

예비창업자 : 계속 딴지 거는 것 같아서 좀 그렇긴 한데 그 배제지역이란 게 중심상권을 완전히 벗어난 곳이라는 뜻 같은데요. 맞나요? 그렇다면 그렇게 할 사람이 얼마나 될까 싶기도 하고요⋯⋯

프리코디 : 하하, 네. 사장님. 보통 그렇게 생각들 합니다. 그래서 더 좋습니다. 얘기가 자꾸 딴 데로 새고 길어지니 다음 코너에서 계속 나누시기로 하고요. 다시 인테리어 얘기로 돌아가서요. 어떤 사장님들은 비싼 상품을 팔기 위해서(?) 고급스럽게 인테리어를 합니다. 저는 인테리어를 최소의 비용으로 하시라고 말씀드립니다. 비싼 내장재가 아니라 그냥 깔끔한 정도면 된다는 거지요. 페인트칠조차 필요 없을 수도 있습니다. 시작하실 때 꼭 잊지 마세요. 고객들은 멋진 인테리어가 아니라 사장님이 제공하는 그 상품에서 느끼는 감동에 비례해 돈을 내는 것입니다. 고객들은 품격(?)있는 인테리어에 감동하지 않습니다. 어디선가 보았던 것들이기 때문이기도 하고

36

익숙해서 아무 느낌도 없습니다. 최고로 할 수 없다면 하지 않는 게 더 낫습니다. 최고로 품격있는 인테리어도 기업의 영역에 맡겨 두세요. 백화점이나 특급호텔에서 그들은 훌륭한 인테리어를 충분히 봅니다. 사장님의 가게에서까지 그런 것들을 제공하려고 소중한 돈을 낭비하지 않으셨으면 좋겠습니다. 사장님이 제공하고 싶은 상품의 본질에 집중하세요!

 예비창업자 : 그래도 일단 외부 간판이나 조명 등이 시선을 끌어야 들어올 테고 들어와서도 깔끔하고 뭔가 눈길을 끌어야 손님들이 앉지 않을까요?

 프리코디 : 계속 말씀드리지만 그게 사장님 사업의 본질이 아니라는 겁니다. 그렇게 들어와서 제공하는 상품에 감동을 하지 못하면 다시는 안 옵니다. 본질에 집중하셔야 합니다. 돼지국밥을 팔고 싶으신가요? 그럼 좋은 고기를 구수한 국물과 함께 내어 주는 데 집중하세요. 무엇이든 좋습니다. 사장님이 파는 그 상품의 본질에 집중하시기만 하면 무조건 이깁니다. 왜냐하면 대부분 사장님이 본질에 집중하지 않기 때문에 본질에 집중하는 사장님의 경쟁 상대가 되지 못합니다. 본질이 비본질보다 백 배 더 중요하기 때문입니다.

설비도 마찬가집니다. 모든 걸 갖추어야 할 필요도 없습니다.

하고자 하는 일에 필요한 최소한의 설비만 갖추세요. 보통 권리금은 그렇게 낸다고 생각하시면 되겠습니다. 내가 지금 임대하려는 점포에 갖춰진 설비만으로도 하고자 하는 일을 해나가는데 전혀 문제가 없고 중고로 사서 세팅하는 비용보다 비싸지 않다면 협의를 잘해서 권리금을 지급하시면 됩니다. 변두리(혹은 대부분이 생각하는 안 좋은 위치)로 갈수록 그 권리금은 획기적으로 더 적게 낼 수 있습니다. 필요한 설비는 갖춰져 있는데 한동안 비어 있어서 권리금은 없는 곳이 '최고의 점포'라고 생각합니다. 그러면 깨끗하게 페인트칠 좀 하고 조명 교체하는 정도면 충분하다는 겁니다.

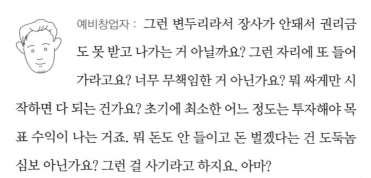

예비창업자 : 그런 변두리라서 장사가 안돼서 권리금도 못 받고 나가는 거 아닐까요? 그런 자리에 또 들어가라고요? 너무 무책임한 거 아닌가요? 뭐 싸게만 시작하면 다 되는 건가요? 초기에 최소한 어느 정도는 투자해야 목표 수익이 나는 거죠. 뭐 돈도 안 들이고 돈 벌겠다는 건 도둑놈 심보 아닌가요? 그런 걸 사기라고 하지요. 아마?

프리코디 : 그렇게 생각하실 수도 있겠네요. 하지만 그들이 망한 이유가 변두리라서 그렇다고 단정하시면 안 됩니다. 그들이 망한 이유는 수없이 많은 메뉴를

팔면서 제대로 집중할 수 없었기 때문입니다. 그리고 돈을 안 들인다고 해서 노력도 하지 않겠다는 뜻이 아닙니다. 돈을 안 들인 만큼 손님이 계속해서 찾을 수 있는 상품의 완성도를 높여가는 다소 고통스러운 시간을 보낼 수 있습니다.

예비창업자 : 그 방법을 알고는 계신 건가요? 뜬구름 잡는 소리 같아서 말이죠. 어디 가서 문하생으로 도 닦으라는 말씀은 아니실 테고……

프리코디 : 하하, 네. 그 방법을 알려드리려고 이렇게 소중한 시간을 내어서 얘길 나누고 있는 거 아니겠습니까? 제가 알려드리는 방법으로 시작하시면 몇백에서 최대 2천만 원 정도면 창업이 가능하고 애초에 생각하셨던 금액보다 획기적으로 비용을 줄일 수 있습니다. 그렇지 않나요?

예비창업자 : 네? 몇백만 원요? 최대 2천만 원요? 그렇게 창업을 한다는 게 가능합니까? 먹고살 만큼의 수익이 날지도 의문스럽네요.

프리코디 : 제가 마지막에 사례를 들어드리고 전략과 매뉴얼을 알려드리겠습니다. 한번 들어보시죠. 그러

면 사장님은 초기 지출이 획기적으로 줄어 심적으로 상당한 안정감을 누릴 수 있습니다. 아 손님이 없으면 어떡하지? 비가 오면 어떡하지? 바람이 불면? 추우면? 더우면? 경기가 회복되기만을 기다리지 않으셔도 됩니다. 그러면 무엇을 할까요? 사장님의 상품의 가치를 높일 방법들을 연구하실 여유가 생깁니다. 책도 읽으셔야 합니다. 세상에 관심도 가지시고요. 트렌드가 얼마나 빠르게 변하고 있는지도 느끼시고요. 하고자 하는 일이 있으시죠? 지금까지 돈과 점포에 대해 애초에 다르게 생각하는 방법을 말씀드렸습니다.

예비창업자 : 그러니까 지금까지 말씀하신 내용을 요약하자면 적은 돈으로 구석진 곳에 싼 점포를 얻어라, 인테리어도 최대한 하지 마라, 손님이 좀 없어도 버틸 만큼의 여윳돈을 가지고 있어라, 뭐 그런 얘긴가요? 그런 다음엔 뭘 어떻게 해야 하는 겁니까?

프리코디 : 네. 최대한 저렴한 비용으로 점포를 얻는 것! 애초에 다르게 시작하는 창업의 첫 단추입니다. 그 다음은 '더 적게 일하고 더 많이 버는 장사의 신'이 되는 전략 매뉴얼입니다. 그 전에 지금 제가 하는 말에 적합한 비유를 요트 이야기로 해보겠습니다.

"사장님이 파는 그 상품의 본질에
집중하시기만 하면 무조건 이깁니다.
본질이 비본질보다 더 중요하기
때문입니다."

❸ 역풍에 돛을 올려라

 프리코디 : 무동력요트 타보신 적 있나요? 하하, 전 타본 적 없습니다. 그런데 무동력선은 순풍에만 운항할 수 있을까요? 요트는 역풍이 불면 앞으로 못 나아갈까요? 그렇다면 그 옛날 뱃사람들은 어떻게 항해를 했을까요? 순풍이 불 때만 항해를 했을까요? 그렇다면 요트경기는 어떻게 할까요? 순풍이 불 때만 요트경기를 할 수 있을까요? 이번엔 애초에 다르게 시작하는 창업에 빗대어 순풍과 역풍에 관한 얘기를 해 보려고 합니다.

 예비창업자 : 창업과 요트요? 그게 무슨 관계가 있다는 건가요?

 프리코디 : 자, 그럼 한번 들어보실래요? 대부분 사람에게 순풍에 돛을 올리고 싶은지 아니면 역풍에 돛을 올리고 싶은지 물어보면 순풍에 돛을 올리고 싶다고 말합니다. 순풍은 내가 가려는 방향의 뒤에서 부는 바람입니다. 순조롭게 항해할 수 있습니다. 대부분의 사람은 순풍을 원합니다. 그렇지 않나요? 역풍을 원하시는 분 계실까요? 사장님은 어떠신가요?

예비창업자 : 저 역시 돛을 올려야 한다면 순풍에 돛을 올리고 싶을 것 같습니다. 출발부터 헤매고 싶지 않은데요.

 프리코디 : 자, 그럼 한번 볼까요? 역풍은 내가 가려는 방향의 앞쪽에서 부는 바람입니다. 앞으로 나아가는 데 방해가 됩니다. 그렇게 시작하고 싶지 않은 게 인지상정입니다. 그런데 말입니다. 순풍은 내 배를 움직이긴 합니다. 하지만 어느 순간 배가 조금씩 빨라지고 나면 바람이 더 세게 불지 않는 이상 더는 속도가 나지 않습니다. 또한 순풍 이상의 속도로 나아갈 수 없습니다. 그러다 순풍이 멈추면 어떨까요? 불안해 합니다. 이 치열한 경쟁 사회에서 멈춰있다는 것은 도태된다는 것이고 곧 실패한다는 것으로 받아들입니다. 그럼 어떻게든 앞으로 나가려고 발버둥을 칩니다.

하지만 노력에 비해 속도는 느리고 마음은 지쳐갑니다. 열심히 일만 하고 계시는 대부분의 사장님의 모습이 투영되나요? 사장님은 그런 길을 걷지 않으시길 바라는 마음에 이렇게 서로 시간을 내어 대화하고 있습니다.

다시 돌아와서 이렇듯 순풍에만 돛을 올리고 싶다는 것은 좋고 편안한 외부환경에 익숙해지고 더 이상의 성장을 원하지 않는다는 것과 같습니다. 순풍에서만 항해를 해 본 사람은 잘 가다 역풍을 한 번 맞으면 돛대가 부러지거나 뒤집어져 버립니다. 그리고 다시 회복해 항해하기 어렵습니다.

그래서 사장님처럼 대부분 사업을 하시는 분은 순풍에 돛을 다는 것을 당연한 것으로 여깁니다. 왜냐하면 너무나 소중한 사장님의 돈을 안전한 방식으로 운영해서 지키고 싶기 때문입니다. 두말하면 잔소리 아닌가요? 어렵게 마련한 사업자금을 정말 제대로 지키셔야 한다는데 한 치의 이견도 없습니다. 그런데 말입니다. 그것이 함정입니다. 대부분이 원하는 그 순풍에 돛을 달고 가면 경쟁에 휘말려 지치고 사장님이 아프다는 겁니다.

역설적이게도 소중한 돈을 지키기 위해 순풍에 돛을 달았다가 오히려 넘어져 결국 돈을 다 잃게 만드는 경우도 많습니다. 남들과 똑같은 가게를 하나 더 만든다는 것은 치열한 경쟁 속으로 뛰어드는 것입니다. 이런 가게의 90%는 어려움을 겪는다는 통계가 있습니다. 순풍에 돛을 올린다는 것은 그런 것입니다.

자, 그렇다면 역풍은 어떨까요? 대부분의 사람이 역풍을 꺼립니다. 하지만 제가 드리는 사업적 제안이나 방향은 바로 역풍에 가깝습니다. 적은 돈으로 시작하시라는 거지요. 어디 구석진 곳에 점포를 얻으시라는 거지요. 또한 메뉴를 줄이라 합니다. 하나만 하라고 그리고 서비스도 홍보도 하지 마라, 비싸게 팔아라, 영업시간 줄이라고 합니다.

이렇게 사장님이 편해지는 방향이어야 한다는 말에 사람들은 격한 거부반응을 보이기도 합니다. '그래서 장사가 될까?' '안되면 어떡하지?' '망하면 어떡하지?' 지금까지 대화를 나누며 사장님들이 보여주신 반응이지요.

예비창업자 : …… 그게 당연한 거 아닌가요? 아……
역풍에 돛을 올린다라…… 시작도 하기 싫은데요?

프리코디 : 그래서 사장님을 포함해서 대부분이 가기 어렵다고 생각하는 방향이 사장님이 관심을 가지셔야 하는 방향이라는 것입니다. 그것은 대부분이 가려 하지 않는 역풍이기 때문입니다. 그러므로 그 자체가 대부분 예비창업자들에겐 진입장벽이 됩니다. '저렇게 하면 될까?'라는 의구심에 도전조차 하지 않기 때문입니다. 그래서 경쟁이 적습니다. 거의 없습니다. 그래서 하기만 하면 이기는 싸움입니다.

그런데 말입니다. 역풍을 정면으로 돌파할 수는 없습니다. 하지만 45도 방향으로 약간만 틀어도 돌파할 수 있습니다. 심지어 바람이 셀수록 더 빨리 나갈 수 있습니다. 처음부터 다르게 시작하라는 말이 안 되는 제안일수록 더 빨리 성장한다는 뜻입니다. 그래서 저는 모두와 경쟁하지 않는 방식이야말로 최고의 전략이라고 늘 강조하는 것입니다.

예비창업자 : 세상에 경쟁하지 않는 방식의 사업이 존재하긴 하나요? 있을 수 없다고 생각합니다. 경쟁은 현대사회를 살아가는 누구나 하는 것입니다. 그걸 피하라는 건 그냥 비겁하게 도망가라는 소리로밖에 안 들리는데요?

프리코디 : 꼭 그렇지만은 않습니다. 경쟁하지 않을 수 있는 사업 방식이 있습니다. 처음부터 다르게 시작하는 방식으로 역풍을 즐기는 사장님이 되시면 됩니다. 그러면 재밌습니다. 왜냐하면 돈이 적게 들었기 때문입니다. 역풍에 익숙해지면 불경기도 사장님의 사업에 별다른 영향을 미치지 못합니다.

그렇게 역풍에 익숙해지고 나서 순풍이 불면 어떻게 될까요? 외부환경이 좋아지고 편안해지게 됩니다. 그럼 완전히 안정감을 가지게 됩니다. 그러다 그 순풍마저 멈추면요? 역풍에 익숙한 사장님이 불안할까요? 더 나아가려고 발버둥 칠까요? 아마 낚시를 즐기게 될 겁니다. 역풍에 익숙해지는 방법은 제가 차차 알려드리겠습니다.

자, 다시 여쭤보겠습니다. 순풍에 돛을 달고 싶나요? 역풍에 돛을 달고 싶나요?

선택은 오로지 사장님의 몫입니다!!

예비창업자 : 음…… 일단 역풍에 돛을 올린다는 게 흥미롭긴 하네요. 그 역풍에 대한 얘길 좀 더 나눠보고 싶네요. 어떤 역풍이 있는지 말이지요. 그리고 그 역풍에 익숙해지는 방법도 좀 알려주세요.

프리코디 : 첫 번째 역풍은 변두리에 싸게 점포를 구하는 겁니다. 다들 미쳤다고 할 거예요. 주변에서 손가락질하고 비난하는 사람들이 생기면 그게 사장님 사업의 첫 번째 역풍이라고 생각하시면 되겠네요. 하하. 역풍 맞을 준비 되셨나요?

❹ 목이 마를수록 깨끗한 물을 찾아라

 프리코디 : 자, 그럼 질문 하나 드리죠. 커피 열 잔 중에 한 잔을 마시면 백만 원을 준다는 곳이 있다면 사장님은 어떻게 하실래요?

 예비창업자 : 그냥 한 잔 마시면 백만 원 준다고요? 전 마시죠~ 그럼 열 잔 다 마시면 천만 원 주나요? 하하

 프리코디 : 그럴리가요~~ 하하, 그런데 말입니다. 그 중 한 잔에 마시면 죽는 맹독이 들었다고 해도 마시겠습니까?

 예비창업자 : 아…… 그럼 너무 싼데…… 한 10억 주면 마실까, 그래도 안 마실 것 같네요.

 프리코디 : 그렇죠. 독배를 대할 때 모두 이렇듯 충분히 합리적인 판단을 합니다. 그런데 말입니다. 창업을 대하는 예비 사장님들의 자세는 완전히 반대입니다. 열에 아홉은 3년 안에 망한다는 창업을 대하는 예비 사장님들의 자세는 비합리의 극치입니다.

잘 몰라서, 초보라서, 뭘 해야 할 지 몰라서, 어렵게 마련한 너무나 소중한 돈으로 창업 시장을 기웃거립니다. 대안이 없어서 창업하시는 분이 80%가 넘는다는 통계는 너무 가슴이 아픕니다. 전 통계란 걸 크게 염두에 두는 편은 아니긴 합니다. 통계와 상관없이 제게 닥친 이 상황이 중요한 거죠. 40대 평균 대출금이 얼마인지, 업종별 폐업률이 얼마인지, 업종별 평균 수익이 얼마인지가 전혀 중요하지 않다는 겁니다.

지금 내가 받은 대출금액이, 내 사업의 폐업 여부가, 내 가게의 수익이 얼마인지가 중요한 겁니다. 내가 살아야 가족도 있고 사회가 있는 거지요. 얘기가 또 딴 데로 샜네요.

 예비창업자 : 그럴 수밖에 없는 게 현실이잖아요. 하던 일만 계속해오던 사람이 나이 5, 60에 직장을 그만두면 달리 먹고 살 방법이 없잖아요. 채용해 줄 회사가 있는 것도 아니고, 소위 말하는 좋은 일자리가 너무 없잖아요. 최저임금 받고 일하니 창업박람회 기웃거릴 수밖에 없는 거죠. 그들만의 잘못은 아니지 않나요?

 프리코디 : 맞습니다. 그들만의 잘못은 아닙니다. 그렇기에 더욱 자신의 소중한 것들을 지킬 전략을 세우셔야 한다는 겁니다. 엉뚱하게 창업컨설팅 업체에 수

천만 원, 수 억 원을 잃었다는 방송사의 프로그램도 있었습니다.

왜 이렇게 세상엔 나쁜 놈들이 많을까요? 그건 어리석은 욕심이 넘쳐나기 때문입니다. 대응해야죠. 더 많이 벌기 위해 어떻게 해야 할지 좀 더 신중해져야 합니다. 자신의 소중한 돈 몇백만 원, 몇천만 원, 몇억 원을 너무 쉽게 잃어버리거나 포기하는 경우도 많습니다. 잃고 나면 다시 찾는 것은 거의 불가능합니다. 그게 돈이든 가족이든 건강이든 말이죠.

예비창업자 : 네. 그렇죠. 사기당하는 사람들은 욕심 때문에 당하는 경우가 많죠. 통상적인 수준보다 두 배 내지 그 이상의 수익을 보장하는 경우는 사기라고 봐야죠. 저도 지인이 하면 무조건 큰 수익이 난다는 컨설팅을 받았는데 돈만 날렸다더라고요.

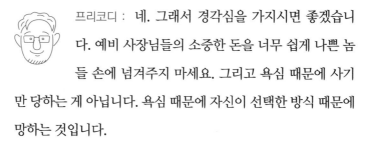

프리코디 : 네. 그래서 경각심을 가지시면 좋겠습니다. 예비 사장님들의 소중한 돈을 너무 쉽게 나쁜 놈들 손에 넘겨주지 마세요. 그리고 욕심 때문에 사기만 당하는 게 아닙니다. 욕심 때문에 자신이 선택한 방식 때문에 망하는 것입니다.

제발 본인부터 챙기세요, 가족들도 생각하시고요. 너무 쉽게 돈으로만 창업할 생각 마세요. 애초에 경쟁하지 않는 방식으로 다르게 시작하시면 좋겠습니다. 역풍에 돛을 올리시길 바랍니다. 자, 그럼 본격적으로 다르게 시작하는 방법에 대한 얘길 나눠 볼까요?

2

더 적게 일하고 더 많이 버는
장사의 신 되기

❶ 고객의 선택권을 박탈하라

프리코디 : 앞장에서는 창업을 생각할 때 가장 중요시
여기는 것이 '돈' 또는 '점포'라는 고정관념이나 편견
에 대해 얘기를 나누었습니다. 제일 싸게 얻을 수 있
는 곳을 찾으라는 거지요. 간혹 제 생각에 반대하거나 잘못됐다
고 말씀하시는 분들도 계십니다.

예비창업자 : 굳이 반대하거나 틀렸다기보다 '그렇게
해도 될까?'라는 두려움이 큰 것 같아요. 이 구석진

곳에 누가 오겠나 싶은 거죠.

 프리코디 : 제가 드리는 말씀이 정답이라고 반드시 그렇게 하셔야 한다는 것은 아닙니다. 세상에 없던 이야기도 완전히 새로운 이야기도 아닙니다. 이미 누군가는 하는 일이기도 하고 이미 누군가는 알고 있는 내용이기도 합니다. 그런데 왜 실행하지 못할까요?

 예비창업자 : 그들에게는 뭔가 특별한 것이 있는 거 아닐까요? 기술이라든지 비법같은……

 프리코디 : 하하, 그런 건 없습니다. 그렇게 하지 못하는 가장 큰 이유는 편견 때문이라고 생각합니다. 잘되는 그들에겐 뭔가 특별한 비법이 있으리라는, 아주 특별한 사람들만이 가질 수 있는…… 하지만 막상 가보면 대단한 맛이나 특별함이 있는 게 아닙니다. 그냥 조금 다르게 시작했을 뿐입니다.

 예비창업자 : 하긴 좀 줄 세운다는 유명한 맛집에 가봐도 특별히 맛있는 줄 모르겠더라고요. 홍보의 힘이거나 아니면 수십 년 전통이 있거나. 그렇지 않나요?

프리코디 : 기억을 좀 더 더듬어 보시면 그 집은 메뉴가 없거나 한두 가지였을 겁니다.

 예비창업자 : 메뉴가 없다고요? 음…… 하나밖에 없는 거? 기억이 가물가물하네요. 뭐 여러 군데를 다니다 보니…… 확실히 메뉴가 많지는 않았던 것 같네요.

 프리코디 : 저는 늘 조금 다르게 시작하기만 하면 경쟁하지 않는 자신만의 브랜딩이 가능하다고 말씀드립니다. 더 적게 일하고 더 많이 번다는 것은 효율적으로 운영한다는 것입니다. 사업의 효율적인 운영을 위한 첫 번째 전략은 '단순화'입니다. 이번엔 이 단순화에 대한 얘길 나눠 보겠습니다. 단순화에는 어떤 것이 있을까요?

 예비창업자 : 단순화라…… 주방이나 홀의 동선을 단순화한다. 메뉴를 단순화한다. 그 정도요?

 프리코디 : 와우 좋네요. 동선과 메뉴의 단순화. 이미 답을 알고 계셔서 드릴 말씀이 별로 없을 것 같은데요. 하지만 그 단순화의 필요성에 대해서는 동의하기 힘드실 테고요.

예비창업자 : 그렇죠. 그 단순화가 쉽지는 않지요. 동선은 그렇다 치더라도 메뉴를 단순화 한다고요? 하나만 판다고요? 그건 쉬운 결정은 아니라고 봅니다. 세상에 그런 가게가 많이 없는 것도 다 그런 반증 아닐까요? 세상에 짜장면만 파는 집, 짬뽕만 파는 집, 탕수육만 파는 집이 없는 것처럼 말이죠. 다른 걸 찾는 손님들이 있다는 거죠. 구색을 갖춘다고 하지요. 기본적인 구색은 갖추고 싶어 하는 게 맞는 거 아닐까요?

 프리코디 : 많이 없다는 것. 그러니까 더 좋은 거죠. 없다는 것! 경쟁하지 않는다는 거니까요. 메뉴를 하나만 제대로 하는 식당이 되는 것입니다.

사실 하나만 파는 식당의 강점은 너무 많습니다. 제일 중요한 강점은 사장님이 편해진다는 것입니다. 하나만 준비한다는 것은 전문가의 반열에 오르는 지름길이라는 것입니다. 굳이 특별한 맛이나 유일한 맛이 아니어도 상관없습니다. 일관된 맛만 유지하시면 됩니다.

하나만 제대로 하시려면 그 정도 노력은 반드시 하셔야 합니다. 아마 하시게 될 겁니다. 왜냐하면 집중할 수 있기 때문입니다. 매일 하나만 제대로 하면 되니까요. 그러면 고객들의 입장에서는 어떨까요?

예비창업자 : 하나만 파는 집이라고요? '저거 하나는 제대로 하는 집이겠구나' 하는 생각을 할 것 같긴 하네요. 하긴 그런 집이 거의 없긴 하네요. 하지만 이것저것 찾는 손님들이 있잖아요. 고깃집에서 냉면이나 된장찌개를 찾는다거나, 돈가스집에서 우동을 찾는다거나 뭐 그런 경우들요. 그래서 구색을 갖춘 사이드 메뉴가 필요하다고 생각합니다.

 프리코디 : 무슨 무슨 전문점이라는 이름, 많이 보셨죠? 그런데 그 안에 들어가 보면 그것만 팔지 않습니다. 세상에 널린 김밥 전문점, 돈가스 전문점에 가 보시면 여러 메뉴가 더 있습니다. 전혀 특별한 인상을 주지 않습니다. 하지만 그냥 하나만 하시면 그 자체로 전문점이 됩니다. 김치찌개 하나만 팝니다. 된장찌개만 팝니다. 양푼이 동태찌개만 팝니다. 오로지 그것만 팝니다. 만약 짬뽕만 판다면 저는 해물 짬뽕이나 차돌박이 짬뽕이면 좋겠습니다. 이런 식으로 그냥 하나만 팝니다. 다른 걸 팔지 않아야 합니다. 그리고 비싸게 팔아야 합니다.

 예비창업자 : 그게 말이 쉽죠. 같이 온 손님이 자기는 짜장 먹고 싶다고 다른 데 가자고 나가버리면 결국 매출 떨어지는 거 아닌가요?

프리코디 : 그게 바로 아까 말씀하신 사기당하는 사람들의 욕심입니다. 모든 고객을 다 가지려는 욕심 말이죠. 내가 자신 있게 준비한 단 하나의 상품 이외의 다른걸 원하는 고객은 과감하게 버리셔야 합니다.

예비창업자 : 그건 욕심이 아니고 사장이라면 가져야 할 마음가짐 아닌가요? 손님을 놓치면 안 되잖아요?

프리코디 : 하나의 메뉴에만 집중하시고 그것을 찾는 고객만 받으시라는 겁니다. 이것저것 찾는 고객은 다른 매장에 양보하세요. 누구나가 파는 메뉴를 사장님도 팔고 있다면 경쟁이 될 수밖에 없습니다. 경쟁은 사람을 지치게 합니다. 하나에 집중할 때 오히려 멀리서 찾아오는 손님을 만나는 놀라운 경험을 하시게 됩니다. 작은 욕심을 버리고 더 큰 욕심을 가지셨으면 합니다. 말장난 같지요?

예비창업자 : 헐. 작은 욕심을 버리고 더 큰 욕심을 가지라고요? 무슨 궤변인가요? 하여튼 좀 솔깃하긴 하네요. 그래서 하나만 팔아서 잘 되는 사례가 있나요?

프리코디 : 제주도에 어떤 라면집이 있습니다. 해물

라면 전문점입니다. 그냥 해물 라면 하나만 팝니다. 주문은 개수만 말하면 됩니다. "사장님, 몇 개요~~." 그런데 줄 서서 먹습니다. 작은 게 한 마리, 새우 한 마리, 조개 몇 개…… 이렇게 들어간 라면입니다. 8천 원이구요. 맛은 그냥 보통입니다. 게가 들어가서 시원한 맛이 나는 정도구요. 식기 반납까지 시키네요. 합석도 해야 합니다.

예비창업자 : 거긴 제주도라서 특별한 지역적인 장점 때문인 거 아닌가요?

프리코디 : 그럴 수도 있지만, 우리 동네에도 '탕'이라는 김치찌개 전문점이 있습니다. 좁고 불편합니다. 둥근 테이블은 다섯 개뿐입니다. 그냥 김치찌개 대·중·소가 있습니다. 저녁부터 새벽까지 영업합니다. 아버지와 딸이 운영하는 것 같은데 항상 마감 시간까지 사람이 바글바글합니다. 엄청 깊은 맛이 나는 것도 아닙니다. 좀 말간 묵은지인지 아닌지 모를 포기김치와 두께 1cm 미만의 슬라이스 고기 몇 덩어리, 두부, 대파가 담긴 양푼이 냄비가 나옵니다.

이렇게 장사하면 식품 재고 관리가 얼마나 편할까요? 재료 손질은요? 단일재료의 구매단가는요? 게다가 하루에 일정량만 판다면 어떻게 될까요?

예비창업자 : 하루에 일정량이라고요? 한정판매 말씀하시는 건가요? 그건 엄청난 자신감이 있는 유명한 집에서나 가능한 일 아닌가요? 예비 창업자한테 한정판매라고요? 말도 안 되는 소리 아닌가요?

 프리코디 : 예를 들어 달래서 들어 드렸더니 말도 안 된다고 하시네요. 하하. 그런 고정관념을 버리셔야 시작하시기 편합니다. 단순화를 통해 가장 먼저 사장님이 편해집니다. 저절로 전문점이 되고 고객들은 알아차립니다. 그러면 보통 그렇게 되기까지 시간이 얼마나 걸리는지 물어보시는 분들이 계십니다. 그 기간의 길고 짧음은 사장님의 노력 여하에 달려 있습니다.

얼마 전에 '추어탕'이라는 간판이 달린 가게에 들어갔는데요. 메뉴에는 추어탕이 없습니다. 기존에 있던 간판을 안 떼고 들어오셨는지는 모르겠지만…… 허름한 내부로 봐서는 그런 것 같지도 않았지요. 김치찌개, 된장찌개, 곱창전골, 굵은 펜으로 종이에 써서 메뉴판 아래에 붙여놓은 알 수 없는 메뉴까지. 도대체 이 집의 정체는 뭘까요? 뭘 팔고 싶은 걸까요?

 예비창업자 : 음…… 그런 집 많지요. 그거 하나로는 장사가 잘 안돼서 그런 거 아닐까요? 다른 거 찾는 단골

들도 계실 테고. 그래서 하나의 메뉴로 시작했다가 자꾸 늘어나
게 되는 거 아닙니까?

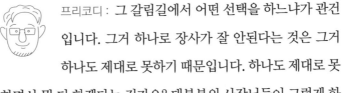 프리코디 : 그 갈림길에서 어떤 선택을 하느냐가 관건
입니다. 그거 하나로 장사가 잘 안된다는 것은 그거
하나도 제대로 못하기 때문입니다. 하나도 제대로 못
하면서 뭘 더 하겠다는 건가요? 대부분의 사장님들이 그렇게 하
고 있지요. 이것도 해볼까? 저것도 해볼까?

　앞에서 말씀드렸던 고객에 대한 욕심을 버리지 못하면 메뉴가
늘어납니다. 선택의 갈림길에서 잘못된 선택을 하신 경우입니
다. 잘 안 되면 그 원인을 찾아서 문제부터 해결해야 하는데 가장
먼저 하는 것이 메뉴를 늘리는 것입니다. 사장님의 사업계획도
이와 크게 다르지 않다면 혹은 메뉴가 너무 많다면 가장 잘하거
나, 마진율이 높거나, 테이블 회전율이 높거나…… 뭐든 사장님
이 편하고 좋은 방향이 무엇일지 고민해 보셔야 합니다.

 예비창업자 : 아…… 과연 잘할 수 있을까요? 하나만
판다라…… 하나만…… 일단 계속 고민해 보겠습니
다. 계속하시죠.

 프리코디 : 사장님이 제대로 제공하는 상품의 가치를

모르거나 다른 상품을 찾는 손님을 버리셔야 합니다. 그들은 해 달란 대로 사장님이 다 해준다고 해서 고마워하거나 감동하지 않습니다. 오히려 사장님을 쉽게 혹은 우습게 생각합니다. 자신이 왕이라고 생각하지요. 진상 고객은 그렇게 시작되고 생겨납니다. 돈 몇 푼 내고 거들먹거리는 최소한의 예의도 없는 사람들입니다. 저는 계속해서 말씀드립니다. 사장님이 왕이셔야 한다고요. 손님들께 거칠게 함부로 대하라는 얘기가 아닙니다. 사장님만의 철학으로 사장님 마음대로 하는 사업이어야 한다는 뜻입니다. *고객에게 휘둘리지 않으셔야 합니다.*

 예비창업자 : 음…… 명심해야겠네요. 하지만 손님에게 휘둘리지 않으려면 엄청난 내공이 필요하겠네요.

 프리코디 : 하나만 팔 때 저절로 쌓일 내공이라는 것을 알게 되실 겁니다. 얼마 전에 어떤 분이 메뉴를 줄이고 영업시간을 줄여서 저녁이 있는 삶을, 가족과 함께 하는 삶을 살겠노라고 다짐을 하셨는데 얼마 지나지 않아 손님들 성화에 저녁영업까지 해야겠다고 하셨습니다. 그분은 나름대로 실력도 있고 경험도 많으신 것 같았습니다.

그렇다면 이왕 메뉴와 영업시간을 줄이기로 하신 거라면 그냥 특별한 짬뽕 하나, 특별한 짜장면 하나 정도만 하셨으면 어땠을까 싶습니다. 오늘은 짜장만, 내일은 짬뽕만, 주 5일 영업에 매출이 혹은 순익이 더 많은 메뉴로 3일- 2일로 안배하거나 2일-1일-2일 식으로 운영하셔도 좋겠지요.

영업시간도 1시에 마지막 주문받고 줄 선 사람까지만 받고 하루에 100그릇만 파는 한정판매 방식이면 어땠을까 싶었습니다. 제가 그분의 영업방침에 감 놔라 배 놔라 말할 처지는 아닙니다만, 새로운 시도를 하고 가족과의 행복한 삶에 무게를 더 두는 거라면 약간의 매출 부진은 감내하시는 건 어떨까 싶네요.

예비창업자 : 그래도 돈 주는 사람들 말을 들어야 하는 거 아닌가요? 고객이 없으면 내 사업이 무슨 소용인가요?

프리코디 : 계속 같은 말을 하게 되는데요. 뒤집어서 생각해 보시면 어떨까요? '고객이 있어야 내가 있다'가 아니라 '내가 없으면 이 맛있는 거 당신들이 어디서 먹을 거야?' 라고 생각하시라는 거지요. 너무 거만한가요?

사장님이 굳게 지킨 철학을 고객들이 흔들리지 않는 확고한 신념이라는 것을 인지하는 순간부터 그들은 서서히 돈 한 푼 들이지 않아도 최고의 영업사원으로 일하게 됩니다. 구석진 저렴한 점포에서 하나만 팔아서 (다른 걸 먹고 싶은 고객이 떨어져 나가는), 그

매출 부진의 기간은 그리 길지 않으리라 봅니다.

 예비창업자 : 그래도 그 기간이 어느 정도 될지는 고려해야 하는 거 아닌가요? 몇 개월이라든지, 1년 정도라든지……

 프리코디 : 그건 사장님 하시기 나름입니다. 하나를 제대로 하는 순간부터 놀라운 경험을 하게 됩니다. 감동한 고객과 교감하는 나날들이 사장님을 행복하게 해 줍니다. 그들은 자신이 받은 감동을 두루두루 알리고 다닐 것입니다. 우선 자신에게 소중한 사람들과 그 경험을 함께 나누고 싶어합니다. 그러면 매출은 저절로 늘어납니다. 생각만으로도 기분이 좋아지지 않으시나요?

 예비창업자 : 동화책에 나올 것 같은 이야기네요. 너무 낙관적인 태도 아닐까요? 얼마나 걸리냐니까 사장하기 나름이라는 것도 그렇고. 터무니없이 하나만 제대로 하라는 것이…… 그 제대로의 기준은 뭔가요? 제대로라…… 너무 막연한 것 같은데요.

 프리코디 : 자, 예를 한번 들어 볼까요?

돼지갈비도, 목살도, 삼겹살도, 소고기도, 오리고기도, 감자탕도, 뼈다귀해장국도 모두 파는 식당을 만났습니다. 그 가게의 사장님에게 어떤 게 제일 잘 나가냐고 물어보면 다 비슷하다고 합니다. 어떤 걸 제일 잘하시냐고 물으면 다 잘한다고 합니다. 그럴 수도 있지요. 하지만 얼마나 고달플까요? 메뉴마다 특징이 있고 재료도, 조리기구도 다른데 말이죠. 재고관리도 얼마나 어려울까요? 개인적으로 저는 그 많은 일을 다 감당하는 식당이 되지 않기를 바랍니다.

그런데 만약 그 많은 메뉴 중에 딱 하나만 해도 된다고 생각해보세요. 어떨까요? 더 잘할 수 있지 않을까요? 하나만 제대로 하는 식당이 되어 그 메뉴를 먹고 싶어하는 사람만 받으시면 됩니다. 돼지갈비만 혹은 삼겹살만, 된장찌개나 냉면은 팔지 않으셔도 됩니다. 그냥 공깃밥 정도만 있으면 됩니다.

 예비창업자 : 사람들이 어떻게 매일 그거만 먹습니까? 원래 고깃집 가면 생고기 먹다가 양념도 먹고 다 먹고 나면 후식으로 된장찌개나 냉면 같은 것도 먹는 건데 다른 거 찾는 손님 놓치면 어떻게 합니까? 심지어 된장찌개에 라면사리가 없다고 난리 치는 사람도 있다고요! 장사하기 전엔 상상도 못했던 일입니다.

프리코디 : 앞서도 말씀드렸듯이 뚜렷한 목적의식을 가진 손님만 받으시면 됩니다. 돼지갈비는 무조건 저 집…… 돼지갈비만 하는 저 집에서 먹고 싶다는 생각이 들게 하는 것입니다. 다른 거 먹고 싶은 사람은 다른 데 가서 먹으라는 거지요. 그러면 더 많은 사람이 모이게 됩니다. 지역의 한계도 살짝 벗어날 수 있습니다. 먹고 싶은 손님이 멀리서 찾아오게 됩니다. 이렇게 메뉴를 단순화할 수 있다면 사장님의 사업은 여러 가지 부분에서 유리해집니다. 먼저 편해진 사장님 얼굴 표정부터 달라집니다. 밝아집니다. 손님들도 알게 됩니다. 단지 줄였을 뿐인데 멋진 경험을 하게 됩니다.

 예비창업자 : 그럴듯하긴 한데 아직 받아들여지진 않네요. 프리코디님 논리대로라면 프랜차이즈는 절대 하면 안 되는 거 아닌가요?

 프리코디 : 네. 메뉴의 종류와 가격에 대한 결정권이 없는 프랜차이즈 가맹점으로 시작하는 사장님들이 안타깝습니다. 사실 저는 프랜차이즈를 좋아하면서도 싫어합니다. 굳이 사장님이 원하신다면 오히려 프랜차이즈 사업자가 되시기를 권합니다. 가맹자가 아니라요.

예비창업자 : 프랜차이즈 사업자가 되라고요? 아니 처음이라 잘 모르는 사람한테 프랜차이즈 본점이 되라고요? 그건 너무 앞서가는 거 아닌가요?

 프리코디 : 작게 시작해서 스스로 성장하고 그 가게가 유명해지면 사장님도 프랜차이즈 사업자가 되실 수 있습니다. 지금의 프랜차이즈 본점 사장님들은 대부분 그렇게 시작하셨습니다. 대표적인 예가 '더본코리아'의 대표 백종원 씨입니다. '프랜차이즈 못 이기면 식당 하지 마라'는 기사가 났던데요. 굳이 이기려고 하지 말고 나만의 방식으로 묵묵히 걸어가시면 됩니다.

처음이라 아무것도 모르니까 모든 걸 다 알아서 해줄테니 돈만 가져오라는 프랜차이즈 본사만 믿고 시작하는 사장님들께는 제발 창업하지 마시라고 말리고 싶습니다. 그렇게 창업하신 많은 분들이 얼마나 많은 어려움을 겪는지 주변만 살펴봐도 알 수 있지 않습니까? 요즘 인기있는 죽집도 프랜차이즈 업체가 여러 곳인 거로 알고 있습니다. 전 그 죽집도 왜 메뉴를 하나만 하지 않는지 궁금합니다. '슬로우 푸드의 패스트푸드화'를 실현해보면 좋을 것 같은데 말입니다. 기다리지 않는 죽집, 메뉴가 특별한 죽 하나뿐인 집, 하루에 백 그릇만 파는 죽집. 전복이든 소고

기든 건강하게 즐길 수 있는 죽 하나만 파는 집이라면 어떨까요?

 예비창업자 : 이것저것 찾는 사람들이 있잖아요. 워낙 죽 종류가 많다 보니 사람들의 선택도 다양해진거죠.

 프리코디 : 계속 반복되는 얘기네요. 고객의 선택권을 제한하고 다양한 상품을 원하는 고객을 버리셔야 합니다. 예를 들면 특전복죽 하나만 하셔도 좋겠습니다. 만 오천 원이든 이만 원이든 말이죠. '전복죽 하면 저 집'이라는 브랜딩을 하셔야 한다는 거지요. 그러면 어떻게 될까요? 그거 하나만 하니까 기다리지 않아도 됩니다. 주문 즉시 바로 나오니까요. 이만 원짜리 백 그릇 팔면 이백만 원인데요…… 괜찮지 않나요?

 예비창업자 : 아…… 그럼 다른 죽 먹을 사람은 다른 집 가고 전복죽 먹을 사람은 우리 집 와서 먹어! 뭐 그런 전략인가요?

 프리코디 : 하하, 사장님 이제 감이 좀 오시나요? 그럼 좀 더 멀리서도 전복죽 먹으러 옵니다. 심지어 한정 판매는 조기매진을 부릅니다. 한가지 문제점이 있다

면 전 단일 재료로 메뉴를 구성하는 건 바람직하지 않다고 말씀드립니다. 외부 환경에 영향을 받을 수 있기 때문입니다.

전복 생산지에 문제가 생기거나 매입 단가의 상승 폭이 클 경우 곤란한 상황에 직면할 수 있습니다. 하지만 그러한 최악의 상황이라면 임시휴업을 하거나 장기 휴가를 떠나보시는 건 어떨까요? 역풍에 익숙해지고 바람이 멈추면 낚시를 즐기는 것으로 이해하시면 좋겠습니다. 이렇게 죽집을 예로 들었지만 다른 예도 얼마든지 있겠지요.

예비창업자 : 아…… 그런 맥락이군요. 돈, 점포, 메뉴…… 혹시 그것 말고도 단순화하면 더 좋은 것이 있을까요?

프리코디 : 네. 고객과의 응대를 최소화 할 수 있는 방식으로 단순화 하는 것도 필요합니다. 가장 많은 빈도의 주문이나 질문에 일일이 대응하지 않을 수 있는 안내문을 만드시는 것도 좋습니다. 굳이 말 섞어서 불친절하다는 인상을 줄 우려가 있는 얼굴이나 표정 혹은 말투를 구사하는 (?) 사장님이나 직원들이 있을 수도 있으니까요. 하하

그럴 때도 메뉴가 하나면 좋습니다. 굳이 주문 받지 않아도 인

원 수대로 셋팅만 해주면 되니까요. 요식업이 아닌 분야에서는 어떻게 단순화를 할 수 있을까요? 마찬가지입니다. 제공하는 상품의 종류를 줄이시면 됩니다. 미용실이든, 피부샵이든, 인테리어업이든, 부동산이든 전문화 하시면 됩니다.

딱 하나만 제대로 하는 집이 되셔야 합니다. 그 딱 하나의 기준은 철저히 사장님이 편하고 유리한 방향이어야 합니다. 많이 남거나, 잘하거나, 재밌거나, 시간이 적게 걸리거나 하는 방향이어야 합니다. 모두 다 잘하는 사람은 제대로 하는 게 하나도 없는 사람입니다.

전 사장님께서 꼭 명심하셨으면 좋겠습니다. 사장님은 영원히 살지도 두 번, 세 번 살지도 않는다는 것을요. 또한 *사장님의 자녀들이 커가는 동안 함께 할 수 있는 시간은 어떤 대가를 치르더라도 결코 되돌릴 수 없다는 것을요.* 지금 사장님이 하시는 모든 선택의 결과물이 과연 진짜 누구를 위한 것인지 고민해 보시면 좋겠습니다. 지금 드리는 말씀이 앞서 나눈 얘기와 중복이 될 수도 있습니다. 유기적이고 복합적인 상관관계가 있기 때문입니다. 때론 중복되기도 하고 선후가 바뀌기도 합니다. 사장님이 앞으로 어떤 사업을 하시든 그 사업장에 어떻게 적용해 볼 것인지 고민해 보는 시간을 가지셔야 합니다.

❷ 낭중지추(囊中之錐) 마케팅

프리코디 : 앞서 '단순화'의 필요성과 이유에 관해 얘기 나눠봤는데요. 영감을 얻으셨길 바랍니다. 더 적게 일하고 더 많이 버는 장사의 신이 되기 위한 두 번째 전략은 '마케팅 버리기'입니다. 저의 제안은 '마케팅하지 않는 것이 최고의 마케팅이다'입니다.

예비창업자 : 뭐라구요? 마케팅을 버리라고요? 이게 무슨 소리신지?

프리코디 : 하하, 강한 거부반응을 보이시네요. 자, 그럼 마케팅하지 말아야 하는 이유를 한번 살펴보겠습니다. 모든 홍보, 광고를 '마케팅'으로 통칭하겠습니다. 세상에 마케팅에 관한 이론이나 책들은 무수히 많습니다. 관련 업종에 종사하시는 전문가들도 많습니다. 그러나 반복되는 얘기긴 하지만 그 마케팅이란 분야는 감히 '기업의 영역'이라고 말하고 싶습니다.

점포를 기반으로 하는 영세 자영업자가 매출을 올려보겠다고, 좀 더 벌어보겠다고 뛰어들면 안된다는 것입니다. 뛰어든다기보다 그 마케팅을 한다는 사람들이 영세한 자영업자를 유혹하는 거지요. 그 또한 경쟁하는 시장이죠.

마케팅의 가장 큰 목적은 브랜딩입니다. 브랜딩은 그 상표를 인지하게 하는 겁니다. 그러나 영세 자영업자에겐 비용이 발생하는 어떤 종류의 브랜딩도 필요하지 않습니다.

예비창업자 : 아니, 그럼 이 좋은 상품을 어떻게 고객에게 알린단 말인가요? 아무리 좋으면 뭐하나요? 알아야 찾아서 오지요? 그 방법이 돈 들인 광고 말고 다른 게 있나요?

프리코디 : 단지 찾아오는 고객에게 감동을 주면 됩니다. '와우~'라고 고객의 입에서 감탄사가 나오게 하는 것. 그것이 최고의 마케팅입니다. 어떤 방식이든 좋습니다만 가장 먼저 하나만 제대로 하는 집이 되시라고 말하고 싶네요.

예비창업자 : 아니 그러니까요. 감탄하게 해 줄 '찾아오는 고객'을 처음에 어떻게 오게 할 거냐고요? 그들에게 내 가게가 여기 있다는 걸 알려야 할 거 아닙니까? 그래서 광고하는 거 아닌가요? 어딘지도 모르는 골목 안에 있는 배달전문점을 어떻게 알릴 거냐고요? 광고해야죠! 그걸 하

지 말라는 게 말이 됩니까?

프리코디 : 그렇죠. 처음에 어느 정도의 마케팅은 필요할 수 있습니다. 최대한 돈이 들지 않는 방법을 활용하시길 바랍니다. 비용을 들여서 하는 마케팅에 의존해서는 안 된다는 말씀입니다. 그리고 계속 말씀드리지만 한 번 왔던 고객이 다시 오게 할 수 있을 정도의 준비가 되기 전에는 절대 마케팅이란 도구를 쓰시면 안 됩니다. 작게 시작한 가게는 주변 사람들부터 만족하게 해주면 됩니다. 가족이든 이웃이든 그들의 입에서 감탄사가 나오게 해 주세요. *가족이나 친구들을 활용하십시오.* 불편함이나 문제점에 대한 그들의 솔직한 지적을 통해 개선하는 과정을 거치셔야 합니다.

그리고 그들에게 물어보세요. 소중한 사람에게 소개하거나 함께 올 수 있을 만하냐고요. 그리고 말씀드렸다시피 *목적의식을 가진 고객이 아닌 다른 사람에게 모든 마케팅은 스팸입니다.* 적어도 자영업 하시는 사장님에게는 그 정도의 가치밖에 없습니다. 광고에 대한 신뢰도는 점점 낮아지고 있습니다. 사장님이 접하는 그 모든 광고를 보고 느끼는 그대로 고객도 느낀다고 생각하시면 됩니다. 사장님이 길거리에서 새로 생긴 음식점 전단을 받고 그 집에 가서 식사해 본 경험 있으신가요?

예비창업자 : 아…… 음…… 아뇨! 그러고 보니 한 번도 유심히 본 적이 없네요. 그냥 버렸던 것 같아요.

 프리코디 : 저는 길거리에서 전단을 받으면 그렇게 생각합니다. '어지간히 장사 안되나 보다'. 우리가 접하는 모든 종류의 마케팅은 이제 그런 단계에 와 있습니다. 유명 블로그요? 페이스북 마케팅요? 다 아시잖아요. 돈 받고 모든 게 조작되고 있다는 것을요. 사장님들 매출 떨어지면 제일 먼저 하는 생각이 '전단이라도 돌려야 하나?'입니다. '어떻게 하면 매출이 오를까?' 고민하면서 제일 먼저 마케팅에 눈을 돌립니다. 사장님은 그러지 마시라고요.

 예비창업자 : 그러고 싶지 않긴 한데 그럴 수 있을지 걱정이 되네요.

 프리코디 : 하나만 제대로 하시면 됩니다. 저절로 하지 않으시게 될 겁니다. 누가 공짜로 해준다는, 비용이 들지 않는 거라면 전혀 상관없습니다. 하지만 초보 사장님들이 하는 모든 마케팅에는 큰 비용이 들어갑니다. 기존에 창업한 사장님들이 부담스러운 비용을 들여가며 마케팅을 하는 가장 큰 이유는 외부 환경을 탓하기 때문입니다. 일단 스스

로 문제점 혹은 매장의 문제점부터 보셔야 합니다.

왜 매출이 떨어지는 건지…… 왜 장사가 안되는 건지…… 그 원의 대부분은 애초에 잘못 시작했기 때문입니다. 그래서 애초에 다르게 시작하시면 마케팅하지 않아도 저절로 마케팅되는 경험을 할 수 있습니다. 그 명확한 답은 '단순화'에 있습니다.

 예비창업자 : 그러니까 코디님은 돈을 들여 마케팅하려 하지 말고 애초에 다르게 시작하면 된다는 말씀인가요? 답이 단순화에 있다고요? 단순화한다고 뭐가 달라지는데요?

 프리코디 : 단순화해서 시작하기만 해도 마케팅 효과가 있습니다. '하나만 제대로 하는 집'이라는 마케팅 효과를 누립니다. 하나만 하면 제대로 하게 됩니다. 해 보시면 압니다. 한 번 온 손님을 계속 오게 하는 노력과 방법의 연구가 최고의 마케팅입니다. 그 손님이 자신이 발견한 이 멋진 곳을 지인들에게 자랑하고 싶게 만들어야 합니다.

제 아무리 많은 돈을 들여 멋진 마케팅을 해서 손님을 끌어들인다 한들 그들이 만족하지 못하고 돌아가고 다시 오지 않는다면 무슨 소용일까요? 한 번 온 고객이 만족하고 돌아가면 한 푼 들이지 않고도 그 고객이 최고의 영업맨이 되어 줄겁니다.

'마케팅하지 않는 것이 최고의 마케팅이다.' 라는 제 제안이
이해가 되나요?

 예비창업자 : 좀 이상적이긴 한데 무슨 얘긴지는 알
겠어요.

 프리코디 : 자, 그럼 이제부터 비용을 한 푼도 들이지
않고 최고의 영업담당을 고용할 준비가 되셨나요?

 예비창업자 : 아…… 무슨 말씀 하시는지 이젠 좀 알 것
같기는 한데…… 그래도 마케팅을 하지 않을 자신은
없네요. '단순화한다고 잘 될까?'라는 생각도 여전히
들고요. 일단 계속 말씀해 보시죠. 자꾸 들으니 세뇌당하는 느낌
도 있지만요…… 하하.

 프리코디 : 손님이 몰리고 주문이 밀리는 상황을 경험
하지 못한 준비되지 않은 사업자가 불특정 다수를 대
상으로 하는 무작위 마케팅이 얼마나 치명적인 결과
를 낳을 수 있는지 아셔야 합니다. 조금씩 성장하는 단계를 거치
면서 손님이 늘고 점차 한 팀, 두 팀 대기하는 상황을 경험하셔
야 합니다.

예전 소셜 커머스에서 음식점 할인쿠폰 대량으로 뿌렸을 때, 준비되지 않은 가게들은 다 망했습니다. 오픈하자마자 마케팅으로 몰려온 손님들로 넘쳐날 때 손발 안 맞는 주방, 홀 스텝들과 딱 하루만 장사해 보시면 알게 되실 겁니다. 많은 손님을 받을 준비가 되지 않은 상태에서 그런 마케팅 방식을 택하지 않으시길 바란다는 겁니다. 애초부터 비용을 들이는 마케팅은 하지 않겠다고 다짐하세요.

 예비창업자 : 너무 강압적인 느낌인데요? 거부감부터 드는 게……

❸ 자신이 없으면 사족이 많아진다

 프리코디 : 다소 기분 나쁠 수도 있겠지만 제가 드리
는 제안은 일반적인 단계의 마케팅 방식과는 많이 다
르기 때문에 당황스러울 수 있습니다. 하지만 조금만
생각해보면 그것이 오히려 장사의 본질에 충실하고 실패할 확률
을 줄여 사장님의 성공과 삶의 질을 개선하기 위함입니다. 시작
부터 '오픈기념 파격 할인', '폭탄세일'을 남발하면 제대로 자리
를 잡기도 전에 장사가 복잡해질 수 있으며 갖춰야 할 기본기를
놓치게 될 수 있습니다.

 예비창업자 : 하하, 고맙습니다. 열심히 듣고 배워서 앞
으로의 사업에 적용하도록 하겠습니다. 다만 취지는
알겠는데 여전히 그럴 수 있을까 하는 의구심이 드는
건 어쩔 수 없네요.

 프리코디 : 점점 나아지리라 생각합니다. 자 그럼 이번
엔 기존의 사장님들이 너무나 많이 제공하고 있는
'서비스'에 대한 얘길 해 볼까요? 사장님은 애초에 서
비스를 제공할 계획조차 세우지 않으시면 되겠습니다. 다음 내
용은 참고만 하시는 거로 하죠.

서비스는 정말 다양한 이름으로 불립니다. 그만큼 종류도 정말 많습니다. 저는 그 많은 서비스 중에 '나쁜 서비스'를 버려셔야 한다고 말씀드립니다. '나쁜 서비스'라 함은 할인을 포함해서 수익 상승에 크게 기여하지 않으면서 비용이 발생하는 모든 행위라고 정하시면 될 것 같습니다. 업종에 따라 차이는 있지만 대동소이합니다. 이러한 '나쁜 서비스'를 버려야 하는 이유는 다음과 같습니다.

첫째, 서비스가 많다는 것은 제공하는 메인 상품의 품질에 자신이 없다는 것입니다.

예비창업자 : 잠깐만요. 자신도 있지만, 고객에게 더 나은 서비스를 제공할 수도 있는 거 아닙니까? 꼭 그렇게 생각할 문제는 아니라고 봅니다만……

프리코디 : 자신이 있다면 그거 하나로 승부를 보시라는 거지요. 에너지를 분산할 필요가 없습니다. 그 하나의 메뉴에 집중하시라는 겁니다.

둘째, 그 많은 것을 준비하느라 사장님 자신이 힘들다는 것입니다. 비용 증가로 인한 수익성 악화는 덤이지요. 서비스를 버리는 방법을 찾아보셔야 합니다. 무엇을 버릴지, 뭘 안 하면 더 편해질지, 어떻게 하면 돈이 적게 들지 고민하셔야 합니다. 대부분의 사장님이 자신의 상품에 매기는 가격은 이런 방식입니다. 원가와 고정비용, 기타 등등, 이윤 얼마…… 그렇지 않나요? 이윤을 많게는 80%부터 적게는 5%까지도 잡지요.

 예비창업자 : 네? 80%라고요? 세상에 그런 경우도 있나요?

 프리코디 : 하하, 당연히 있지요. 100%는 없을까요? 그게 핵심은 아니고요. 근데 제공하는 상품의 가치보다 좀 더 높게 가격을 책정하고 나면 이것저것 더 주려고 합니다. '내가 이거 팔면서 이만큼 받아도 되나?' 싶은 마음에 여러 가지를 하려고 하는데 사실 나쁜 서비스는 그렇게 시작됩니다. 애초에 잘못 생각한 부분이기 때문에 생기는 자연스러운 순서이기도 합니다.

　여기서 가격은 고객이 감동하는 크기입니다. 원가나 이윤 이런 거 아니고요. 상품의 가치에 대한 자신감이 부족하기 때문에 많은 서비스를 하게 됩니다. 인정하고 싶지 않겠지만 대부분의 자영업자가 그렇습니다. 그런데 서비스를 많이 해 주면 감동할까요? 할인을 많이 해주면 감동할까요? 진짜로 감동할 것 같으면 해주시면 됩니다.

하지만 사장님 같으면 *본 상품에 만족하지 못하는데 서비스 많이 해주고 할인해 주면 좋을까요?* 이것을 모든 사업과 상품에 대입해 보시면 될 것 같습니다. 머리를 개떡같이 잘랐는데 안마를 잘해주고 샴푸 시원하게 해주면 친절하다고 계속 가고 싶을까요? 소문내고 싶을까요?

회는 쥐꼬리만큼 주고 맛도 없는데 반찬이 떡~ 벌어집니다. 그래서 이게 한정식집인지 횟집인지 헷갈립니다. 도대체 뭘 팔고 싶은 건가요? 최대한 반찬과 서비스를 줄이고 그 절감 비용과 노력을 주메뉴에 투자해보시는 게 어떻겠습니까? 더 좋은 재료를 쓴다거나 양을 더 많이 주는 방식으로요. 나중에 말씀드리겠지만 비싸게 팔 수도 있습니다. 그리고 크게 편해지는 건 두말할 필요도 없고 엄청나게 많은 변화를 가져올 겁니다.

다시 한 번 말씀드리지만 *감동의 크기가 상품의 가격입니다.* 단순화해 보시면 아시겠지만 '나쁜 서비스'를 할 일이 없어집니다. 왜냐하면 자신 있거든요. 그거 하나는 제대로 하기 때문입니다. 그렇게 되기까지 투자한 시간과 비용, 노력이 있기 때문입니다.

좋은 서비스는 뭘까요? 매출 증대에는 도움이 되지만 비용은 거의 들지 않는 서비스겠지요. 립서비스처럼 사장님의 온화한

미소, 직원들의 친절 등은 좋은 서비스가 되겠습니다. 가식적인 미소와 오버해서 하는 인사는 친절이 아닙니다. 고객에게 친절은 그들의 편의를 최대한 보장해 주는 것입니다. 그들이 불편하지 않도록 해주는 것이지요.

예를 들어 식당에서 부르기 전에 알아서 반찬을 채워주는 서비스, 셀프라고 써 놨지만 안 바쁠 땐 채워주는 서비스! 진짜 서비스는 상품의 본질에 한 발 더 다가갈 때 최고의 효과를 발휘합니다. 사장님이 진짜로 고객에게 주고 싶은 게 뭔지 고민하셔야 합니다. 그 많은 것들이 정말 고객을 감동시키는데 필요한 것일까? 그래서 그 답을 찾으시면 서비스 전혀 안 해도 줄서서 먹는 식당이 되고, 학원이 되고, 미용실이 되고…… 뭐든 될 수 있습니다.

 예비창업자 : 학원도 서비스하나요?

 프리코디 : 학원이 비용은 들어가지만, 매출에는 큰 도움이 안 되는 비효율적인 서비스가 제일 많지 않나요? 예로 차량운행과 성적관리 정도가 되겠네요.

 예비창업자 : 네? 차량운행요? 그걸 안 하면 아이들이 어떻게 오나요? 그리고 아이를 학원에 보냈으면 성적

이 당연히 올라야 하는 거 아닌가요? 그건 서비스가 아니라 기본이라고 생각합니다만……

프리코디 : 차량운행을 하지 않고도 오게 만드는 학원이 되셔야지요. 그런 학원 있습니다. 무얼 가르치든 단순화하시고 본질에 집중하시면 얼마든지 가능합니다. 나중에 차별화 전략사례 편에서 말씀드리기로 하죠.

예비창업자 : 그런 학원이라…… 참…… 신기하네요.

프리코디 : 또 뭐가 있을까요? 마케팅하지 않는 것도 서비스하지 않는 것도 결국 본질에 집중할 때 가능하다는 것을 유념하시면 좋을 것 같습니다.

지금까지 나눈 '더 적게 일하고 더 많이 버는 장사의 신' 되기 전략을 정리해 볼까요?

하나만 제대로 팔아서 '와우~'라는 반응을 도출해 내면 저절로 마케팅됩니다. 그러면 집중해서 좋은 상품을 제공하는데 더 수월해지고 고객은 감동하게 됩니다. 굳이 다른 서비스를 할 필요가 없습니다. *감동하는 고객에게 비싼 가격은 그다지 중요하지 않습니다.* 그러면 이제 상품을 비싸게 파는 방법에 대한 얘길 좀 나눌 시간이 온 것 같군요.

예비창업자 : 비싸게 판다고요? 그러다 손님 떨어지면
어쩌죠? 가뜩이나 불경기라고 지갑을 닫고 있는데,
담합이라도 하면 모를까…… 가격을 올린다고요?

❹ 비지떡도 비싸게 팔아라

 프리코디 : 우리가 흔히 접할 수 있는 창업과 사업의
운영에 대한 좋은 책들은 결국 매장의 운영과 관리에
관한 성공적인 방법이나 비결을 공통적으로 다루고
있습니다. 하지만 그 방법이라는게 더 많이, 더 크게, 더 빠르게
제공하는 경쟁적인 방식이라면 바람직하지 않습니다. 왜냐하면
남들과 같거나 비슷한 상품으로 경쟁이 치열한 시장에 진입하
는 것은 자살행위와 같기 때문입니다. 여기까지는 동의하시죠?

 예비창업자 : 네, 동의는 하지만 딱히 또 다른 방법은
없다는 게 함정 아닐까요?

 프리코디 : 그래서 지금 저와 대화를 나누고 계신 거고
요. 그 비용을 들이지 않는 지속 가능한 전략을 익히
셔서 경쟁하지 않는 사업을 하시라는 거지요.

지금까지 제가 드린 세 가지 전략은 단순화, 마케팅과 서비스
버리기였습니다. 그렇게 처음부터 다르게 시작하시면 비싸게 팔
수 있습니다. 애초에 남들이 하는 창업의 패턴대로 준비한 돈을
점포에 올인하고 시작한 사업은 비싸게 팔기 어렵습니다. 왜냐
하면 경쟁하는 방식을 택했기 때문입니다. 그래서 결국 더 싸게

많이 주는 방식으로 팔게 됩니다. 결말이 보이죠?

전문직 자영업자(의사, 변호사, 변리사, 세무사 등등)도 다르지 않습니다. 단순화해야 합니다. 하나만 잘하는 전문가가 돼야 합니다. 그렇지 않으면 결국 경쟁하다 파산하고 맙니다. 실제로 그렇게 되고 있습니다. 그들도 잘 되는 사람은 잘 되고 안 되는 사람은 안 됩니다. 그들도 그룹 안에서는 그냥 경쟁하는 일반인일 뿐이기 때문입니다. 너무 많은 상품을 취급하려고 준비하고 있다면 최대한 줄이는 방향으로 바꾸셔야 합니다.

단순화하신다면 남들과 같은 가격에 상품을 파는 것도 이윤이 많이 남는다는 것을 알게 됩니다. 구매단가를 낮출 수 있고, 재고관리의 부담이 줄기 때문입니다. 더 많은 상품을 더 짧은 시간에 팔고 있다는 것을 알게 되실겁니다. 순익이 늘어나는 것을 경험해 보세요. 어렵지 않습니다.

예비창업자 : 아직 해 보지 않아서 그 부분은 잘 모르겠지만 하나만 한다는 것의 매력을 조금씩 알 것 같네요. 저 역시 다른 사람들과 비슷한 프레임으로 준비하고 있었던 것 같고요. 아직 시작하지 않아서 좀 더 고민할 기회가 있어서 다행입니다.

프리코디 : 네, 좋습니다. 조급하게 생각하지 마시고 천천히 준비하시면 됩니다. 그럼 애초에 다르게 시작해서 비싸게 파는 법을 한번 얘기해 볼까요?

하나만 팔 때 비싸게 팔 수 있습니다. 시작할 때 비싸게 책정하면 됩니다. 비싸게 판다는 것은 품질에 자신이 있다는 뜻이기도 합니다. 하지만 더 중요한 것은 고객이 느끼는 감동의 크기입니다. 비싸게 판다는 것은 품격있는 고객을 만난다는 뜻이기도 합니다. 생산원가를 높이라는 뜻이 아닙니다. 진상 고객을 만나는 대부분의 사장님은 싼 제품을 팔고 있을 가능성이 매우 높습니다. 그들은 사장님이 제공하는 저렴한 가격이나 폭탄세일, 할인 이벤트에 절대 감동하지 않습니다. 오히려 제값을 받고 팔기 힘든 상황에 직면하게 됩니다. 명품 가방을 할인해달라고 떼쓰는 고객은 없습니다. 하지만 콩나물값은 깎아달라고 하지요.

대부분 사장님이 봉착하는 문제는 판매가격의 책정입니다. 비싸게 파는 상품이라 하더라도 비싼 재료를 쓰다 보니 이윤이 너무 적습니다. 또한, 시간이 지나 물가가 올라도 정작 판매가격을 올리지 못합니다. 비싸게 팔면 소중한 사람에게 귀한 대접을 하고 싶은 사람들이 온다는 것을 아셨으면 좋겠습니다. 가격표를 '시가'로 바꾸시면 됩니다. 바가지를 씌우라는 게 아닙니다. 물가 변동에 따른 정당한 수익을 취하고 그로써 안정적인 운영을 하기 위함입니다. 고객과 소통하시면 됩니다.

 예비창업자 : 어떻게 소통한다는 건가요? 시가로 판다는 걸 오는 손님에게 일일이 다 설명해야 하나요? 그냥 비웃으며 다 나가버릴 것 같은데요?

 프리코디 : 일일이 말로 하실 필요 없이 사장님의 진정성 담긴 글을 써 놓으시면 됩니다. 그럼 더 큰 신뢰를 쌓을 수 있습니다. 고객의 '와우~'가 마케팅의 시작입니다.

삼겹살도, 돼지갈비도, 죽도 '시가'로 팔 수 있습니다. 거듭 말씀드리지만 그래야 사장님이 살고, 사장님의 가게가 살고 그 귀중한 상품이 살아서 고객이 계속 감동할 수 있습니다. 제값을 받고 팔기 때문에 품질은 높아지고 고객은 감동하며 사장님은 단단히 서게 됩니다.

 예비창업자 : 정말 놀랍네요…… 시가로 팔 수 있다는 생각을 한 번도 해본 적이 없는데…… 흐~아…… 전 못할 것 같은데요…… 삼겹살을 시가로 판다고요? 누가 삼겹살을 시가로 사서 먹으려 할까요?

프리코디 : 또 큰 편견 하나를 만나네요. 시가는 물가의 변동을 고려한 가격정책이지요. 고객들과 소통하면서 탄력적으로 운영하시면 됩니다. 구체적인 시스템은 서서히 개선해 나가면 됩니다. 예를 들어 육류지만 다양한 상품들에 적용해 보실 수 있습니다. 다만 정말 너무 흔한 치킨이나 카페 같은 종류는 아니길 바랍니다.

비싸게 팔면 더 품격있는 고객과 만나는 결과를 경험할 수 있습니다. 대접받은 사람의 감동은 훨씬 커집니다. 그러면 또 마케팅의 연결고리가 됩니다. 비용 한 푼 들지 않는 최고의 영업자를 만나는 기회이기도 하고요.

저는 십 년 전과 같은 가격으로 장사하는 가게를 가면 이런 생각이 듭니다. '비싸게 받았었구나⋯⋯ 그런데 왜 지금은? 남는 게 있을까? 왜 저러는 걸까?' 의구심이 듭니다.

제대로 된 가격을 받을 수 있을 때 제대로 된 상품을 제공할 수 있습니다. 그러려면 제대로 된 상품을 준비하셔야겠지요.

거듭 말씀드리지만, 선택과 집중을 하셔야 합니다. 그래야 비싸게 팔 수 있습니다. 하하, 그럼 부가가치세를 좀 많이 낼 수도 있겠네요. 그럼 '적격증빙'을 더 많이 준비하셔야겠죠? 이 부분은 택스코디님과 대화를 나누시면서 익히시면 됩니다. 그래도 너무 비싸게 팔았다면 세금을 많이 내시면 됩니다. 모범납세자

표창도 한번 받으시고요. 하하, 너무 갔나요?

 예비창업자 : 많이 벌기만 한다면야 세금 많이 낼 수도 있을 것 같습니다. 지인들 얘기 들어보면 세금을 너무 많이 낸다고들 하데요. 벌어도 남는 건 없다고요. 전부 세금으로 다 나간다고요. 그런 얘기 듣고 있으면 그냥 가슴이 꽉 막힙니다. 시작할 엄두도 안 나고…… 그래서 계속 걱정입니다. 잘할 수 있을지……

프리코디 : 그래서 잠시 후에 택스코디님과 창업 전에 알아야 할 세금 얘기를 하시면 '와~'를 연발하시게 될 겁니다. 지금은 저와 더 적게 일하고 더 많이 버는 전략 짜고 계신 거고요. 자꾸 두려워만 마시고 깊이 받아 들여보세요. 경쟁하지 않는 방식으로 애초에 다르게 시작하실 수 있습니다.

자, 다시 돌아가서요. 제대로 하나만 팔겠다는 신념을 가지세요. 그것만 고민하고 연구하는데 얼마나 많은 시간과 비용이 들까요? 십 년이 걸릴까요? 아니면 이십 년? 전 길게 잡아 한두 달이면 된다고 봅니다. 며칠 만에도 가능할 수 있습니다. 미친 듯이 그것만 한다면요. 몇천만 원이 들까요? 몇억? 많이 들어야 몇십만 혹은 백만 원 정도면 됩니다. 구석진 어딘가에서 작은 평수로 몇 개의 테이블 놓고 시작하시고 하루에 돈가스 몇 개만 팔 생각으로 시작하시면 됩니다. 산패되는 기름은 어떻게 하냐고요? 그건 그때 가서 걱정하세요. 단언컨대 그런 걱정할 일 없을 정도로 해결능력이 생깁니다. 작게 시작하시면요. 돈으로 시작하지 않고 하나만 하시면요.

 예비창업자 : 돈으로 시작하지 않고 하나만 하고 작게 시작한다⋯⋯ 어렵지는 않을 것 같네요. 잘 될지가 걱정이지만⋯⋯ 하하

 프리코디 : 두렵다는 거 압니다. 하지만 생각해보시면 두려워하지 않으셔도 됩니다. 왜냐하면 정말 작게 시작하기 때문입니다. 대부분 사람들이 새로운 도전을 하지 못하는 것은 안 되는 이유나 문제점부터 먼저 생각하기 때문입니다. 되는 이유부터 찾고 해야만 하는 당위성부터 찾으셔야 합니다.

해결책을 찾으셔야 합니다. 그런 능력을 키우셔야 하고요. 제가 제시하는 모든 제안은 자유롭게 사용하셔도 좋습니다. 특히나 상표등록 그런 거 전혀 없습니다. 예를 들어 어떤 사장님이 동네 어귀 어딘가에서 맛있는 돈가스 가게를 오픈해서 단일 메뉴

로 비싸게 팔아 돈을 많이 벌었다고 누가 뭐라 하겠습니까. 전 3만 원짜리 돈가스 하는 집 있으면 가보겠습니다.

돼지갈비로, 김밥으로, 튀김으로, 추어탕으로 성공하는 사장님이 많아지면 어떻게 될까요? 더 적게 일하고 더 많이 버는 사장님들이 넘쳐나는 세상을 상상해 보세요.

저는 메뉴를 줄이고 마케팅을 버리고 서비스도 줄이고 비싸게 파는 전략을 이야기 했습니다. 이 모든 것들이 별개의 전략이 아니라는 것을 아시겠지요? 가장 중요한 것은 '단순화'입니다.

예비창업자 : 하나만 팔고, 마케팅하지 말고, 비싸게 팔기라…… 뭘 팔지부터 고민해 봐야겠네요.

프리코디 : 네, 뭘 파시든 전략대로 하시면 됩니다. 그럼 이번엔 왜 영업시간을 줄여야 하는가에 대한 얘기를 해 볼까요?

예비창업자 : 영업시간을 줄인다…… 많은 자영업자의 로망 아닐까요? 현실은 전혀 그렇지 않지만…… 궁금하네요. 영업시간을 줄여서 원하는 매출에 지장이 없는지요.

❺ 영업시간을 줄여야 갑이다

 프리코디 : 저에게는 아들이 넷 있습니다. 물론 아내도 있지요. 열여섯, 열 셋, 열 살, 한 살 이렇게 넷입니다. 상상이 가시나요? 완전 난장판입니다. 웬만한 건 다 부서집니다. 방은 레슬링장이고 석고로 마감된 벽은 커다란 구멍이 몇 개나 생겼죠. 저의 큰아들은 학교에 다니지 않습니다. 정상적(?)으로 다니고 있다면 중3이죠.

첫아이 출산 직후 전 바쁜 직장생활을 했었습니다. 큰아이가 네 살이 되던 해까지 그랬습니다. 집에 며칠에 한 번씩 들어가고 들어가는 날도 열두 시는 무조건 넘었습니다. 다음 날 아침 일찍 출근했고요. 일요일도 못 쉬는 날이 더 많았습니다. 그렇게 짧게는 6개월에서 길게는 10개월 정도의 프로젝트가 끝나면 열흘에서 보름 정도 휴가를 받는 정도였습니다.

아내는 큰아이를 제대로 보살피지 못했습니다. 본인조차도 챙기질 못했으니까요. 아이는 배고파서 울다가 지쳐서 잠들곤 했습니다. 그렇게 형성된 큰아이의 '네 살 자아'는 십 년을 넘게 함께 했습니다. 참을 줄 모르고 툭하면 울고 소리 지르고 짜증을 내고, 그런 아이를 좋아할 친구도 없겠지요. 동생들은 형 대접을 안 해줬습니다. 넌 왜 그러냐고 우리는 큰 애를 몰아붙였습니다. 십 년을 계속 반복했습니다.

92

큰아이는 어떻게 됐을까요? 그 고통이 상상되시나요? 작년부터 상담 선생님을 통해 가족 상담을 받고 있으며 지금은 많이 좋아졌습니다. 둘째가 태어난 지 6개월 즈음 퇴사를 했습니다. 계속 일을 하다가는 무슨 일이 나도 나겠다 싶은 두려움이 컸습니다. 그리고 우리 가족의 고난은 시작되었죠. 그렇지만 둘째와 셋째는 잘 컸습니다. 함께 하는 시간을 정말 많이 가졌거든요.

혹시 지금 사장님들의 가족 중에 저의 큰아이처럼 방치되는 아이가 있다면 반드시 엄청난 대가를 치르게 되리라 봅니다. 심지어 잃을 수도 있습니다. 저 또한 지금 이 시기를 놓치면 아들을 잃어버릴 수도 있다는 엄중한 경고를 받았습니다. 찌질한 제 개인사를 왜 말씀드리냐면, 더 적게 일하고 더 많이 버는 프로젝트의 마지막 단계인 '영업시간 줄이기'의 필요성과 중요성에 관해 얘길 하기 위한 포석입니다.

예비창업자 : 그렇군요. 저도 다섯 살, 두 살 아들과 딸이 있습니다. 말씀 들으니 직장을 계속 다니는 것도, 창업을 하는 것도 두렵네요. 지금도 많은 시간을 함께하는 아빠는 아니라서요. 창업하고 초반에 바쁘게 운영해야 하는 건 당연하다고 생각하고 있습니다만.

프리코디 : 그렇지요. 일단 시작하시면 생각보다 근무시간이 길다는 것을 알게 됩니다. 영업시간을 줄인다는 것은 사장님의 근무시간을 줄이는 것과는 또 조금 다릅니다. 무관하지는 않지만, 영업시간을 줄이시면 근무시간도 점차 줄일 수 있습니다. 애초에 영업 일수와 시간을 혁신적으로 짧게 계획을 하셔야 합니다.

 예비창업자 : 예? 혁신적으로 짧게요? 그게 무슨 말씀이신지?

 프리코디 : 네, 극단적으로 짧게요. 지금까지 대화 나누면서 느끼셨을지 모르지만 저는 일반적인 운영방식과 전혀 다르게 제안해 드립니다. 영업시간도 마찬가지입니다. 영업시간이 긴 사업장은 흔합니다. 왜냐하면 잘 안 팔리기 때문에 그래서 원하는 만큼 매출이 발생하지 않았기 때문에 궁여지책으로 영업시간을 늘이기 때문입니다. 그 깊은 곳에는 욕심이 자리하고 있습니다. 더 긴 시간 손님들을 놓치고 싶지 않기 때문입니다. 역시 아주 작은 욕심입니다.

그래서 많은 가게들이 12시간 영업을 합니다. 더 늦게까지 문을 열고, 심지어 일요일도 문을 엽니다. 한 달에 하루도 쉬지 않고 영업하는 곳도 있습니다. 심지어 24시간 영업하는 곳은 최악입니다. 영업 중에 청소를 해야 하는 것이지요. 물론 손님이 없는 시간대에 할 수도 있습니다. 매출이 살짝 늘 수도 있습니다. 임대료나 별 생각으로 열어서 일면 도움이 되는 것 같기도 합니다. 하지만 절대 그렇지 않습니다.

예비창업자 : 임대료 걱정, 인건비 걱정, 가뜩이나 최저임금도 올랐는데 하나라도 더 팔려는 마음이 이해가 됩니다. 저도 그렇게 할 것 같습니다.

프리코디 : 그러니까 말이죠. 대부분이 그렇게 접근하는 겁니다. 그러면 반대로 갑니다. 왜냐하면 고객들에게 언제나 구할 수 있는 상품을 제공하는 사업자가 되기 때문입니다. 고객들이 쉽게 생각하는 사업자가 됩니다. 만만해 보이는 사업자 되기…… 그러면 어떻게 될까요?

예비창업자 : 갑질을 할까요? 고마워하진 않을까요?

프리코디 : 뭐, 갑질을 할 수는 있지만 고마워하지는 않을 겁니다. 왜냐하면 흔한 상품이고 언제든 구할 수 있기 때문에 아쉬움이 없어서 고마워하지 않기 때문입니다. 영업시간이 길수록, 오랫동안 일할수록 생기는 부작

용은 일일이 열거하기 힘들 정도로 많습니다. 계속 반복해서 말씀드리지만 제일 중요한 것은 그로 인해 사장님이 힘들다는 것입니다.

 예비창업자 : 오토매장은 괜찮지 않을까요? 직원들만 일하게 하고 저는 가끔 체크만 하면 수월하지 않을까요?

 프리코디 : 그래도 마찬가집니다. 그 모두를 관리하고 신경 써야 하기 때문이지요. 그리고 요즘 좋은 직원 구하기는 천운을 타고 나야한다는 말도 있습니다. 그리고 저의 제안은 애초에 혼자 시작하라는 겁니다. 직원을 채용하지 않고 혼자 할 수 있을 정도의 작은 규모로 시작하는 겁니다. 사실 사장님이 힘들다는 것은 오랫동안 그 일을 할 수 없다는 뜻입니다. 그리고 힘든 날들이 지속되면 절대 즐겁지 않습니다. 많이 벌기도 힘들지만, 많이 번다 하더라도 말입니다.

그런 사장님을 보는 고객도 즐겁지 않습니다. 매출 하락으로 직결된다는 뜻입니다. 규모가 크면 클수록 빨리 망한다는 뜻입니다. 애초에 크게 할 생각일랑은 접으셔야 합니다.

 예비창업자 : 그래도 일정 이상의 매출을 내려면 규모

가 좀 있어야 하지 않을까요?

 프리코디 : 앞서도 계속 말씀드렸지만, 초기투자 비용을 최소화하셔야 합니다. 할 수 있는 한 최대한 줄여서 말이죠. 얘기가 또 옆길로 샜는데요. 일단 영업시간이 길면 안 되는 이유는 수긍이 되나요? 사장님이 지치면 안 되기 때문입니다. 그러면 어떻게 해야 할까요? 영업시간을 줄이셔야 하는데……

 예비창업자 : 안 그래도 장사가 안 되는데 영업시간까지 줄이면 매출이 더 줄어서 결국 망하지 않을까요?

 프리코디 : 하하, 장사가 안되니까 메뉴를 늘여가는 건 대부분 사장님이 선택하는 자구책이지요. 오히려 줄이셔야 하는데 말이지요. 왜 장사가 안되는지 곰곰이 생각해 보시면 뻔한데 말이죠. 만족도가 떨어진다는 것이지요. 감동하지 않는다는 뜻이고요. 무언가 껄끄러운 이유가 있습니다.

삼계탕이 안 팔린다고 설렁탕을 추가하시면 안 되잖아요? 영업시간을 늘인다는 것은 쉬운 상대가 되겠다고 다짐을 하는 것이고 실행하는 것입니다. 그럼 영업시간을 줄인다는 것은 그 반대가 되겠지요.

예비창업자 : 그렇다 하더라도 손님이 없는데 영업시간을 줄이는 건 안 될 것 같은데요. 손님이 많을 때 영업시간을 줄이는 건 가능할 것 같기도 합니다만.

프리코디 : 하하, 사장님 정확히 짚어 주셨네요. 그렇죠. 손님이 많을 때 영업시간을 줄일 수 있습니다. 하지만 지금 저와 만나면서 애초에 다르게 시작하는 것은 이 모든 것이 유기적으로 운용될 수 있게 하기 위함입니다.

임대료가 비싸지 않은 곳에서 하나만 제대로 하시고, 서비스도 안 하고 마케팅도 하지 않으면서 영업시간을 애초에 파격적으로 운영하시면 됩니다. 영업시간을 줄인다는 것은 사장님 상품의 '희소가치'를 높이는 일입니다. 저는 식당의 경우 11시 30분부터 1시까지의 영업을 추천합니다. 마지막 주문을 한 시까지만 받아야 합니다. 장사가 안 된다면 보통 점심시간에 팔리는 수량이 있습니다. 그만큼만 준비하시길 바랍니다.

한정판매는 메뉴가 단순할 때 가능합니다. 단순화된 메뉴는 고객이 문을 열고 들어와 먹고 나가는 시간을 줄여줍니다. 손님이 머무는 시간이 줄면 테이블 회전율을 높일 수 있습니다. 보통 요식업은 점심시간에 한정된 판매가 대부분인 것을 생각하면 하지 않을 이유가 없습니다. 어차피 한 시 넘으면 손님도 없는데 영업 시간을 한 시까지라고 크게 써 붙여 놓는다고 해서 매출에 큰 영향이 없습니다. 이 부분은 지역적인 차이가 있긴 합니다만 잘 활용하시면 좋습니다. 그러면 오히려 매출 극대화를 경험하시게 됩니다. 충성고객이 생깁니다. 먹고 싶은데 시간제한이 있다? 수량 제한이 있다? 그럼 더 빨리 와서 먹기 위해 줄을 섭니다. 그런데 매진이다? 짜증이 납니다. 그럼 '다신 안 와야지' 할까요? 아니요, 더 일찍 옵니다.

예비창업자 : 그건 너무 낙관적인 시나리오 아닌가요? 영업시간도 줄이고 한 가지 메뉴로 한정판매도 하는데 손님이 없으면 어떻게 하죠? 그래서 오늘 백 그릇을 준비했는데 열 그릇밖에 안 팔리면 두 시까지 세 시까지 열어두고 싶을 것 같은데요?

프리코디 : 애초에 준비가 덜 된 거라고 봅니다. 하나만 준비해서 그거 하나 제대로 하는 사장님이 되셨다고 한다면 일단 시작합니다. 처음에 소량으로 시작하시면 됩니다. 점점 늘려가면서 하루 목표를 채우시면 됩니다. 그리고 작은 문제점이 계속 생길 겁니다. 그렇지만 그런 것들

은 부수적인 것들이라 개선해 나가시면 됩니다. 하나만 제대로 하는 그 메뉴만 지키고 있다면 말이죠.

예를 들면 이런 겁니다. 사장님이 준비한 부수적인 것들, 식기나 컵의 물기가 건조되지 않은 상태로 테이블에 세팅되는 것 같은 것들이죠. 혹은 설거지가 잘 안 됐다거나, 사장님의 늑장 대응이라든가 각종 비품의 사용에 따른 약간의 불편함 등이 있을 수 있겠죠. 고쳐나갈 수 있는 것들. 그런 부수적인 것들이 개선되지 않은 상태에서 불특정 다수를 향한 마케팅은 치명적이라는 말씀을 계속 드리고 있는 거죠. 절대 하시면 안 됩니다.

예비창업자 : 아…… 무슨 말씀이신지 이제 감이 좀 옵니다. 작게 시작하고, 시간을 두고 하나만 하지만, 제대로 한다! 서툴 수밖에 없는 저와 같은 초보 창업자가 성장해 나갈 방법일 것 같네요. 뭘 해야 하는지는 계속 생각해 봐야겠어요.

프리코디 : 이해하셨을 수도 있지만, 결코 쉽지는 않습니다. 하지만 꼭 하셔야 하는 창업이면 그렇게 시작하셔야 한다는 거고요. 잠시 후에는 고정관념을 버리면서 어떻게 전략을 짜야 하는지 그리고 사례는 어떤 것들이 있는지 어떻게 개선해 나가야 하는지 얘기 나눠보기로 하지요.

일단 그렇게 하나만 하고 한정판매하면서, 영업 일수와 영업 시간을 줄이는 방식으로 시작해서 규모에 비해 성과가 좋아지는 시점이 옵니다. 여기서 더 욕심부리시면 다시 원점으로 돌아갑니다. 장사가 좀 된다고 해서 확장을 하거나 이전을 하거나 수량이나 영업시간을 늘이는 방식을 택하는 분들이 있습니다. 그러지 마시라고 감히 말씀드리고 싶네요. 그리고 저녁 메뉴는 타깃층에 따라, 지역에 따라 고민해 보셔야겠지요. 저녁에만 하겠다는 분도 있습니다.

　이 또한, 영업시간을 짧게 하실수록 더 많이 팔 수 있습니다. 다시 한번 강조하는 것은 단순화가 전제 조건입니다. 영업시간을 줄인다고 해도 테이블 회전율이 높다는 것은 사전에 재료를 준비하는 시간이 오래 걸린다는 뜻입니다. 그런데 단순화하면 준비 시간도 줄이고 영업시간도 줄일 수 있습니다. 그 줄어든 시간으로 사장님의 삶을 충만하게 가꾸셔야 합니다. 가족을 우선순위에 두고 사업을 하실 수 있습니다. 그래야 즐겁고 오래 일할 수 있습니다. 그렇게 하다 보면 사장님의 사업에 관심을 가지는 사람들이 생겨날 것이고 그러면 프랜차이즈 사업자가 될 수도 있습니다.

　영업시간 줄이기의 핵심은 '희소가치의 실현'입니다. 물론 가장 많은 비중을 차지하는 요식업을 예를 들어 말씀드렸지만요……

예비창업자 : 아…… 뭔가 선명한 방향성이 잡히는 것 같습니다. 어떻게 해야 하는지는 이제 감이 오는데…… 뭘 해야 할지는 잘 모르겠네요. 그걸 좀 잡아주시면 좋겠네요.

 프리코디 : 하하, 다행입니다. 어떻게 해야 하는지 아시겠다니 대단하시네요. 뭘 해야 하는지는 몇 가지만 고려하면 금방 정리가 되실 거에요. 저 어디 안 가니까 천천히 얘기 나누시면 되죠. 그럼 이제 정말 중요한 부분인데요. 고정관념을 버리는 시간을 좀 가져 보겠습니다.

"임대료가 가장 싼 곳에서 하나만 제대로,

서비스와 마케팅 하지 않으면서

영업시간을 줄여 운영하세요."

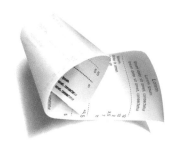

창업을 하려면
고정관념을 버려라

❶ 고정관념을 배설하는 법

프리코디 : 우리는 모두 배설물을 냅니다. 입으로 들어온 음식은 배설물로 내보내지만, 눈과 귀로 들어온 지식과 생각의 배설물을 내지 않습니다.

예비창업자 : 아…… 그런 표현은 처음 들어보네요. 지식과 생각의 배설물이라……

프리코디 : 우리는 어린 시절부터 지금까지 수많은 지

식과 생각을 쌓아왔습니다. 그 중에는 30년 심지어 50년이 넘은 지식과 생각도 있습니다. 이들 중에는 유효한 것들도 있지만 세상의 발전 속도에 따라 무효가 된 것들이 훨씬 더 많습니다. 그래서 우리 삶에 무엇이 유효하고 무효한지 항상 점검할 필요가 있습니다. 그때 자신의 삶과 사업에 무효한 것으로 판단되면 그 지식과 생각은 배설물과 같습니다.

그럼 자신이 가지고 있는 지식과 생각이 내 삶에 무효한 지식과 생각의 배설물인지의 여부를 판단하는 방법을 알아보겠습니다. 이 과정은 더 효율적으로 창업을 준비하기 위한 과정이라 생각하시면 되겠습니다. 그 첫 번째 단서는 이것입니다.

"지금 하는 생각이 90% 대중의 생각과 같다면 그것은 생각의 배설물이다."

사업을 하는데 돈이 꼭 필요할까요? 성공하려면 마케팅을 꼭 해야 할까요? 무엇이든 잘하려면 학교(학원)는 꼭 다녀야 할까요? 자격증은 꼭 필요한 것일까요? 열심히 일하기만 하면 많이 벌 수 있을까요? 가족을 부양하는 것이 가장의 의무일까요? 하고 싶은 일만 하고 살 수는 없는 것일까요? 위의 질문에 대한 답변을 말하기 전에 스스로 이렇게 물어봅시다.

"내 생각이 대부분의 생각과 같은가?" 사장님의 대답이 그렇다면 사장님의 생각은 지식의 배설물입니다.

예비창업자 : 상당히 충격적인 명제들만 나열해 놓으시네요. 당연한 것들이 당연한 게 아니라고 말씀하시고 싶은 건가요?

 프리코디 : 분명히 반발하시고 의아해하실 수 있습니다. 위의 질문에 저는 모두 답변해 드릴 수 있습니다. 창업 아이디어를 낼 때, 혹은 지금의 직장에서 회의하면서 발언을 할 때, 자신에게 물어보세요. "내 생각이 대부분의 생각과 같은가?" 대답이 그렇다고 한다면 사장님의 사업은 경쟁하고 힘들어질 가능성이 매우 높습니다. 그리고 대부분의 사장님과 마찬가지로 바빠도 너무 바쁜 삶을 살게 될 것입니다. 혹은 망하거나.

사장님의 생각이 대중의 생각과 같거나 비슷하다고 여긴다면 즉시 버리고, 다른 관점으로 생각을 바꾸셔야 합니다. 반드시 반대되는 생각을 가지라는 의미는 아닙니다. 한 단계 더 높게, 더 깊게 현상을 파헤쳐서 문제나 해결하고 싶은 일의 본질에 더 가까이 접근해 보라는 의미입니다. 대중과 똑같은 생각은 나 이외에 다른 누구도 알고 있는 것이므로 굳이 나까지 나서서 반복할 필요가 없습니다. 어디서 언제든 구할 수 있는 상품을 나까지 굳이 팔아야 할까요?

예비창업자 : 아…… 그런 관점에서 지금까지 말씀하신 거네요? 굳이 나까지 그럴 필요가 없다?

 프리코디 : 그렇죠. 굳이 사장님까지 남들 다 파는 치킨을, 아메리카노를 팔 생각 하지 마시라는 거죠. 예를 든 겁니다. 제일 먼저 떠오르네요. 특별해지기 어려운 시장에 굳이 뛰어들어서 경쟁하지 마시라는 거죠.

저의 제안을 따라 해보기 두려운 것은 주변 사람 모두가 안 된다고 하기 때문이기도 합니다. 역풍이면 됩니다. 조금만 생각해 보시면 말이죠. 그 모두가 잘 될 것 같다던 사업은 모두 경쟁하고 있습니다. 세상을 놀라게 한 모든 위대한 일들은 시작할 때 사람들이 비웃거나 욕했습니다. 그러므로 지금 사장님이 다른 대부분 사람과 같은 생각을, 그 고정관념을 즉시 버리고, 다르게 생각하는 1%, 0.1%의 대열에 동참하라고 권해 드립니다.

예비창업자 : 그럼 아까 말씀하신 사례 중에 사업하는 데 돈도 필요 없고, 성공하는 데 마케팅도 필요 없다는 뜻으로 받아들여도 되는 건가요? 그런 건 제 생각과 상당히 멀어 보이네요. 뭔가를 하려면, 또 자격증 같은 것들도 필요하다고 생각하고 있는데 말이죠.

프리코디 : 그렇죠. 그게 대부분 사람들이 하는 생각이죠. 하지만 그 말도 안 될 것 같은 방식들을 실천하는 사람들이 있습니다. 그것도 신나게 즐기면서 말이죠. 그건 일단 점포를 기반으로 창업을 준비하시는 사장님들에겐 조금 낯설 수도 있지만 원하신다면 사례를 들어 설명해 드릴 수도 있습니다.

 예비창업자 : 아…… 그 얘긴 다음에 듣기로 하죠. 지금도 충분히 머리가 복잡하거든요. 하하.

 프리코디 : 하하, 그러시죠. 잠깐 쉬시죠.

❷ 결핍을 적극적으로 선택하라

프리코디 : 이렇게 만난 것도 인연인데, 앞으로도 성공적인 창업을 넘어 자유로운 삶을 위해 우리가 나눌 수 있는 얘기는 무궁무진합니다. 그럼 다음 얘기를 한번 해보죠. 저는 결핍에 대한 얘기를 자주 합니다. 결핍하면 떠오르는 게 있나요? 나한테는 없는 것, 부족한 것, 꼭 있어야만 할 것 같은 데 없는 것, 채워야만 하는 것, 콤플렉스…… 같은 것들요. 보통 학력이나 지식, 경력이나 경험, 돈, 외모 등등……

대부분 그렇게 생각하는 바로 그 결핍을 '채워야 할 무엇이 아니라 적극적으로 선택해야 할 수단'으로 창업에 적용하라는 것이 지금까지 우리가 나눈 이야기의 주된 화두였습니다.

제가 주장하는 메뉴의 단순화는 고객의 선택권을 버리는 결핍의 적극적인 선택입니다. 그러기 위해서는 단순히 줄이는 것이 아니라 하나만 제대로 할 때 가능합니다. 그것도 처음부터 그렇게 출발해야 한다는 겁니다. 하다가 바꾸기는 정말 어렵습니다.

그들에게서 선택권을 박탈하면 생기게 되는 엄청난 결과들, 그 사례들은 주변에 많이 있습니다. 영세한 자영업자들이 가장 쉽고 편하게 적극적으로 선택할 수 있는 결핍입니다.

전 유럽을 벌벌 떨게 했던 칭기즈칸은 전쟁에서 가장 중요하다고 하는 세 가지(군사, 무기, 군량미) 중 군량미를 버렸습니다. 오로지 기마병으로 구성된 그의 군대는 그때까지 적들이 한 번도 경험하지 못했던 이동속도를 보여줌으로써 모두를 순식간에 정복할 수 있었습니다.

세계에서 가장 거대한 숙박업체 에어비앤비는 자신들 소유의 숙소가 단 하나도 없습니다. 세계에서 가장 큰 택시회사 우버는 자신들 소유의 택시가 단 한 대도 없습니다. 세계에서 가장 큰 영화관 넷플릭스는 자신들 소유의 영화관이 단 한 군데도 없습니다. 세계에서 가장 큰 콘텐츠 유통회사인 페이스북은 자신들 소유의 콘텐츠가 단 하나도 없습니다.

세계에서…… 그들은 자신의 사업에서 가장 중요한 것을 버림으로써 세계 최고가 되었습니다. 그들이 자신들의 사업에 꼭 필요하다고 생각한 그것들을 갖추고 시작했다면 최고가 될 수 있었을까요? 아마 경쟁하다 지치거나 망하고 말았을 겁니다. 물론 예를 들었다고 해서 사장님의 사업이 세계 최고가 되기 위해 노력하라는 건 아닙니다. 이왕 시작한 거 그렇게 할 수도 있겠지만 그건 너무 허황된 것 같죠?

예비창업자 : 하하, 아직 뭘 어떻게 해야 할 지도 모르 겠는데 세계 최고는 정말 뜬구름 잡는 소리 같네요.

프리코디 : 아닙니다. 그냥 사장님이 만족하고 행복한 사업을 할 수 있으면 세계 최고나 마찬가집니다. 다 시 결핍으로 돌아가서요. 창의력을 발휘하는 방법을 크게 두 가지로 나눠 볼 수 있습니다.

첫 번째 방법은 부족한 것을 계속 채워나가는 방식입니다. 필 요한 것을 계속 갖춰나가고, 새로운 기술을 계속 연마하는 방법 입니다. 이것은 결핍을 채우는 방법이며 매우 일반적인 방법입 니다. 모두 그렇게 하고 있지요. 대부분의 사람이 이 방법으로 창 의력을 발휘할 수 있다고 믿고 있습니다.

두 번째 방법은 첫 번째 방법과 정반대입니다. 이미 가지고 있 는 것을 하나씩 버리는 방식입니다. 누구나 중요하다고 생각하 는 것을 일부러 무시하고, 이미 가지고 있는 것도 내다 버리는 방 법입니다. 이것은 결핍을 적극적으로 선택하는 방법이며 아주 극소수의 사람들만이 알고 실행하는 창의력 구현 방법입니다.

그림을 그리는 데 가장 중요한 것이 무엇이라고 생각하시나요? 그림을 그릴 수 있는 붓일까요? 붓을 버리면 못 그릴까요? 캔버스일까요? 꼭 종이나 화폭에 그려야 할까요? 볼 수 있는 눈일까요? 눈 감고는 못 그릴까요? 그릴 수 있는 시간일까요? 짧은 시간에 그릴 수는 없을까요? 이 모든 것을 하나씩 버린 사람들이 시대의 거장으로 추앙받거나 회자되고 있습니다.

 예비창업자 : 예? 들어본 것 같기도 하고…… 실제 그런 유명한 화가가 있다는 건가요?

 프리코디 : 네, 있습니다. 잭슨 폴록이라는 화가는 붓을 버리고 물감을 뿌려서 유명한 화가가 됐습니다. 피에트 몬드리안은 선을 그음으로써 새로운 기법을 선보였죠. 존 그램블릿은 시각장애를 가진 화가입니다. 20세기 가장 영향력 있는 화가이자 천재 화가의 대명사로 불리는 파블로 피카소는 무엇을 버렸을까요? 최고의 실력을 버렸습니다.

 예비창업자 : 네? 그게 무슨 말씀이죠? 피카소의 그림은 정말 이해하기 어려운 것 같아요. 왜 유명한 건지도 모르겠어요.

 프리코디 : 피카소는 미술 신동이었습니다. 이미 어렸

을 때부터 그림을 사진처럼 그렸다고 합니다. 그냥 똑같이 그려 버렸죠. 그만큼 타고난 천재였지만 그는 사진처럼 그릴 수 있는 자신이 가진 최고의 실력을 버렸습니다. 그리고 시대의 거장이 되었죠. 그가 그린 초상화의 변천사를 한번 보세요. 점점 이상한 그림이 되어 갑니다.

 예비창업자 : 그런 건 예술 쪽 얘긴데 창업과 무슨 관계가 있을까요?

 프리코디 : 자 그럼 우리 사업에 적용해 볼까요? 지금 사장님의 사업에서 가장 중요하다고 생각하는 게 무엇인가요? 특별한 맛인가요? 어떤 특별함인가요? 더 많은 손님인가요? 보다 넓은 공간인가요? 보다 좋은 장비인가요? 보다 능력있는 직원인가요? 많은 수강생인가요? 바로 그 꼭 필요한 것들을 버리는 적극적인 선택을 하시라는 얘깁니다.

 예비창업자 : 네? 특별한 맛을 버리라고요? 더 많은 손님을 버리라고요? 더 넓은 공간을? 좋은 장비를 버리라고요? 과연 그런 것들을 버릴 수 있을까요?

 프리코디 : 버리셔야 합니다. 결국엔 버리시면 창업하

실 때 많은 부분들이 깔끔하게 정리됩니다. 총각네 야채가게 이영석 대표가 처음 대치동에 야채가게를 오픈 했을 때 가장 중요하게 생각했던 냉장고를 준비하지 않았습니다. 재고율 0%를 실현하기 위해서입니다. 그리고 달성했지요. 사장님의 사업에 꼭 있어야 한다고 생각해서 꼭 갖추고 싶은 것, 그 결핍의 실체를 꼭 채우려 한다면 얼마의 비용과 시간이 들까요?

 예비창업자 : 하긴 뭐든 다 갖추려면 한도 끝도 없죠. 저도 자금이 무한정 있는 건 아니니까요.

 프리코디 : 그렇습니다. 영세한 자영업자가 모든 걸 갖추려고 하는 순간 망하는 길로 들어서고 있는 겁니다. 그래서 지금의 아수라장 같은 현상이 벌어지고 있는 거지요. 하지만 그 결핍을 적극적으로 선택하게 될 때 어떤 결과가 나타날까요? 상상도 못할 일들이 생기게 됩니다. 결핍은 꼭 채워야 하는 어떤 것이라는 고정관념을 버리면 얻게 되는 것들이 있습니다.

 예비창업자 : 결핍을 적극적으로 선택하게 될 때 벌어질 상상도 못할 일이라구요? 대박이라는 건가요? 예를 들어 설명 좀 해주세요.

프리코디 : 특별한 맛을 버리고, 다양한 메뉴를 버리고, 진상 손님을 버리고, 직원을 버리고, 손님을 기다리는 시간을 버리고, 더 좋은 장비를 버리고, 수강생을 버리는 적극적인 결핍을 선택하면, 그들의 선택권은 박탈되고, 사장님은 편해지고, 열광하는 손님들은 늘어나며, 일하는 시간은 더 짧아지고, 돈은 더 많이 벌게 됩니다.

지금 사장님에게 가장 필요한 데 없어서 꼭 갖추고 싶은 게 무엇이죠? 그걸 찾아서 버리시길 바랍니다. 없는 거니까 포기한다는 표현이 맞겠네요.

 예비창업자 : 다른 건 어느 정도 이해를 하겠는데 손님을 기다리는 시간을 버린다는 건 영업시간을 줄인다는 건가요? 수강생을 버린다는 건 학원 같은 데를 겨냥하신 거라면 말이 안 되는 거 아닌가요?

 프리코디 : 하하, 사장님. 얘기 나누면서 많이 받아들이신 것 같네요. 네 영업시간을 줄이는 거 맞습니다. 거기다 좀 더 나아가면 손님들이 기다리게 되겠죠. 수강생을 버린다는 것은 특별한 타깃층을 제외한 모두를 버리라는 겁니다. 예를 들면 자라다 남아미술학원 같은 경우죠. 여아는 안 받습니다.

116

예비창업자 : 아…… 그런 뜻으로의 결핍의 선택이라는 거군요. 창업에 꼭 활용해 볼 만한 내용인 것 같네요. 적극적인 결핍의 선택이라……

 프리코디 : 네. 그 방식들을 한번 고민해 보시죠. 함께요.

❸ 알고 부려라

 프리코디 : 그럼 계속해서 고정관념을 버리는 얘기를
해 보죠. 나의 삶과 사업에 도움이 되지 않는 오래된
생각을 '배설물'이라고 표현했습니다. 그렇게 말하고
있는 저 역시 수십 년 묵은 배설물부터 몇 달 묵은 배설물까지,
수많은 찌꺼기를 간직하고 있습니다. 제가 한동안 갖고 있었던
고정관념 중 하나가 '전문가에게 맡겨라'였습니다. 택배는 택배
회사에 맡기고 떡은 방앗간에 맡기라고요. 법은 법무사에게 맡
기고 세무는 세무사에게 맡기라고요. 당신이 그 모든 걸 다 해결
할 수 없고 그 모든 걸 하려다가는 당신의 본업이 흔들릴 거라
고 말이지요.

전문가에게 맡기라는 것은 다르게 표현하자면 '아웃소싱' 혹
은 '외주화'라고 할 수 있겠습니다. 전 모든 걸 다 처리하려는 자
영업자를 보면 혀를 찼습니다. 지금 생각하면 정말 쥐구멍에라
도 숨고 싶은 심정입니다. 하하.

저는 사장님들에게 세금 특히 부가세신고가 얼마나 중요한지
생각해 본 적이 없었습니다. 다만 본업에 집중해서 세금 줄이는
것보다 돈을 더 많이 버는 게 중요하다고 생각했습니다. 그리고
그 세금은 세무사 사무실에 맡겨두면 알아서 해 줄건 데 그것까

지 신경 쓰면서 어떻게 사업을 제대로 운영하겠냐고 말이지요. 지금 생각하면 정말 부끄럽고 '모골이 송연하다'는 표현이 딱 어울리는 상태였지요. 그랬던 제가 택스코디님과의 대화를 통해 완전히 달라졌습니다. 발전했다고 표현하는 게 맞겠지요? 지식과 생각의 찌꺼기를 제대로 배설했다는 표현이 좋겠네요.

예비창업자 : 아, 저도 같은 생각을 하고 있는데요. 일단 사업 시작하면 세무사사무실 알아보든지 업종별 협회에 세금 신고는 맡기려고 했거든요. 그럼 지금 말씀은 세금 관련 지식을 알아야 한다는 말씀인가요?

프리코디 : 물론이죠. 아는 걸 넘어서 직접 신고하시라는 얘기죠. 나중에 택스코디님 만나서 얘기 나눠보시면 정말 아무것도 아니라는 걸 알게 됩니다. 그건 장담하죠. 자영업이라는 정신없는 일을 하려면 기본적인 세무 상식이나 세무 용어는 알아야 한다는 것. 부가세 신고 정도는 혼자서도 할 수 있어야 한다는 것. 전혀 어렵지 않다는 것. 간이과세자와 일반과세자의 차이와 매입자료의 중요성 등등. 설령 세무 대리인을 고용한다고 하더라도 모르고 맡기는 것과 알고 부리는 것은 완전히 다른 얘기라는 것 등등.

유명한 '아프니까 사장이다'라는 자영업자들의 커뮤니티에 올라오는 정말 수많은 사장님의 세무 관련 질문과 답글을 보면서 택스코디님을 만나기 전과 후에 저의 생각이 이렇게 다를 수 있다는 것을 알았습니다. 이 분은 세무에 대한 지식이 없는 분이구나, 혹은 어느 정도 알고 있는 분이구나 등등.

예비창업자 : 그런데 그 세무 대리인 쓰는 비용이 큰돈은 아니지 않나요? 그 돈 아끼자고 일일이 신경 쓰기엔 일이 너무 많지 않을까요? 상당히 비효율적인 제안 아닌가요?

프리코디 : 맡기지 말라는 게 아닙니다. 맡기시되 제대로 알고 맡기셔야 합니다는 것이지요. 그리고 세무 대리인 고용하는 비용을 아끼라고 드리는 말씀이 아닙니다. 기본적인 세무 용어와 세무 상식을 알고 부가세 신고를 직접 하거나 관여해 보시면 진짜 '절세'를 할 수 있다는 것을 알 수 있습니다. 매출보다 매입에 더 신경 쓰셔야 한다는 것을 알게 되기 때문입니다. 이 부분은 택스코디님과 대화를 해 보시면 명확하게 아실 테니 이쯤 하기로 하죠.

예비창업자 : 하…… 만남이 기대 되는데요!

"기본적인 세무 용어와 세무 상식을
알고 부가세 신고를 해야 진짜
'절세'를 할 수 있습니다."

4

절대로 실패하지 않는
창업 솔루션

❶ 제대로 준비해 창업하면 성공할까?

프리코디 : 창업하시려는 분들은 누구나 절실한 이유
가 있습니다. 그것이 위험하고 실패 확률이 높더라도
기꺼이 무릅쓰고 해야만 하는 이유가 있습니다. 그런
것이라면 저는 실패할 확률을 줄일 수 있는 방법을 제안하려 합
니다. 이것은 창업에 관한 일반 상식과는 배치되는 이야기이기
도 합니다. 하지만 저는 고정관념을 타파하고 헛된 기대를 무너
뜨려 실패할 확률을 낮추려 합니다. 처음에는 믿기 어려우실 수
있습니다. 저항감도 들고요.

예비창업자 : 네, 저도 상당히 거부감이 많이 들었는데 얘기 나누다 보니 조금 익숙해지는 느낌이네요. 여전히 막연한 느낌도 있지만요.

프리코디 : 하하, 오늘 처음 만나서 쉽게 바뀌진 않으리라 봅니다. 하지만 결국 창업에 적용하시게 되실 겁니다. 실패하지 않으리라는 확신이 생기실 거라 봅니다. 그럼 '제대로'와 '철저히'에 대한 생각부터 얘기해 볼까요? 그 전에 창업을 하는 이유가 뭘까요? 무엇보다도 생계를 위한 경제활동이 필요하기 때문이 아닐까요?

더럽고 아니꼽고 겨우 먹고살 정도의 월급만 준다고 하더라도 직장을 다니는 것이 더 낫다고 판단하시는 분은 창업하지 않겠죠. 혹은 창업할 엄두가 안 나거나 형편이 안 된다고 생각하거나…… 혹은 직장을 다니며 할 수 있는 일을 하기도 합니다. 투잡 쓰리잡…… 너무나 많은 이유와 저마다의 사정을 다 헤아릴 수는 없습니다.

그러나 저는 이유 여하를 막론하고 창업을 하려는 사장님 같은 분들에게 저마다의 사정과 형편과 상관없는 얘길 하려 합니다. 우선 남들과 똑같은 방식이라면 특히 프랜차이즈라면 제발 창업하지 마세요!

예비창업자 : 그렇다고 맨 월급쟁이로만 살아야 하는
거에요? 제대로 철저히 준비하면 승산이 있는 거 아
닌가요? 대부분 그렇게 생각할 것 같은데요?

프리코디 : 그렇죠. 제가 어쩔 수 있는 문제는 아닙니
다. 제가 말린다고 안 하실 것도 아니지요. 하하. 그러
면 그 '제대로'와 '철저한' 준비는 어떻게 하는 걸까
요? 어떤 창업을 하든 제대로 준비하려면 고민하는 방향은 한결
같습니다. 뭔가 열심히 배우고 익혀서 누군가에게 인정 혹은 선
택받거나 전문가라는 자격증을 취득하려 합니다. 이것은 시간이
제법 걸릴 수 있습니다. 누군가는 십년을 얘기하고 누군가는 1만
시간을 얘기하기도 합니다.

혹시 누군가는 철저한 시장조사와 상권분석, 아이템연구, 자
금확보 등을 말하기도 합니다. 십년을 공부하고 모든 분석을 끝
내고 면밀히 검토하여 십억을 준비해서 창업한다고 실패할 확률
이 낮다? 장담할 수 있을까요?

예비창업자 : 그 정도로 철저히 준비하면 망하지는 않
을 것 같은데요?

프리코디 : 하지만 망하는 사람들이 넘쳐납니다. 그들

은 모두 대충 준비해서 그럴까요? 소위 프랜차이즈는 그런 거 다 해준다는 거 아닌가요? 그런데도 망하는 곳이 더 많습니다. 그렇게 모두 비슷한 방식으로 비슷한 것들을 파는 시장을 레드오션이라고 했습니다. 경쟁하는 시장이지요. 대부분의 창업자가 뛰어드는 시장이기도 합니다.

이곳은 비슷한 상품들이 비슷한 품질로 더 싸게 판다고 외치며 더 많은 서비스를 제공하는 경쟁적인 시장입니다. 결국 단가 싸움을 하다 모두가 패자가 되는 전쟁터입니다. 물론 그 중에도 독한 생존자는 있습니다. 사장님은 어떨지 모르겠지만…… 대부분 제대로, 철저히 준비해서 얻게 되는 결말이 이와 같은 경우가 많습니다.

예비창업자 : 듣고 보니 씁쓸하네요. 그럼 뭘 어떻게 준비해야 망하지 않을까요?

프리코디 : 그 얘길 하려는 거지요. 어떻게 준비하면 망하지 않을까요? 자, 그럼 블루오션은 어떤가요? 새로운 시장입니다. 세상에 없던 뭔가를 찾아내어 개발하거나 혹은 발명해서 히트 상품을 만드는 시장입니다.

소위 대박을 꿈꾸는 벤처 기업이 모여있는 곳입니다. 물론 90% 이상이 실패하는 시장이지요. 하지만 그중 일부는 아주 풍

성한 수익을 가져갑니다. 이 블루오션도 결국 시간이 흐르면 레드오션으로 변해갑니다. 진입장벽이 낮기 때문에 결국은 서로 경쟁하게 되고 그 끝은 또한 레드오션의 결말과 같습니다.

예비창업자 : 아니 그럼 도대체 뭘 하라는 건가요? 애초에 뭐 다르게 시작하게 해준다면서 이것도 안 되고 저것도 안 되고 뭘 어쩌라는 거예요? 결국 경쟁하다 망한다는 거예요?

프리코디 : 하하, 사장님은 시작부터 참 한결같으십니다. 천천히 얘기 나누면서 방법을 찾아보시죠. 여기서 그 '제대로'와 '철저히'라는 말의 함정에 대해 고민해 봐야 합니다. 세상에 창업을 준비하면서 대충하는 사람이 있을까요? 대부분은 자금과 관련해서 철저한 준비를 하게 마련입니다.

검증 단계를 거칠 때도 상당히 철저합니다. 왜냐하면 너무나 어렵게 준비한 목숨 같은 돈이기 때문입니다. 그 돈을 잃는다는 것은 그야말로 자신을 포함한 가족의 몰락이기 때문에 그렇습니다. 하지만 그 검증의 단계가 대부분 비슷합니다.

'그 정도면 괜찮겠다.' '좋은 아이템이네.' '훌륭한 시스템을 가진 프랜차이즈니까.' '목이 정말 좋아.' '유동인구가 정말 많구

126

나.' '1층이어야지.' '출점 거리 제한도 철저한 게 좋지.'

 예비창업자 : 딱 지금 저의 상태네요. 그래도 어떤 게 맞거나 좋은지 잘 모르겠어요. 서로 자기들이 최고의 품질로 최고의 수익을 보장한다고들 하니까요.

 프리코디 : 하지만 진짜 중요한 문제는 다른 데 있습니다. 아무리 제대로 된 정보를 알고 철저한 검증단계를 거친다 해도 세상에 사장님보다 더 똑똑하고 능력 있고 돈 많은 사람이 넘쳐난다는 겁니다. 사장님이 아무리 '제대로', '철저히' 준비한다고 하더라도 무조건 더 뛰어난 사람이 나타나기 마련입니다.

'그 사람들'은 영업도, 매장관리도 더 잘합니다. 같은 프랜차이즈인데 어떤 곳은 잘 되는데 어떤 곳은 망합니다. 정말 억울합니다. 그건 어디를 가나 무슨 일이든 마찬가집니다.

 예비창업자 : 그게 또 그렇게 되나요? 전 그렇게 잘할 것 같진 않은데 말이죠.

 프리코디 : 그래서 그 잘나고 못난 거대한 편차를 최대한 줄이기 위한 전략을 세우셔야 한다는 겁니다. 하

지만 대부분의 창업자는 비슷한 방식으로 대충 준비합니다. 소위 자영업자가 혹은 소상공인이 창업하기 전에 세무에 관한 최소한의 지식도 없다는 것. 그것은 죄악입니다. 자신이 하려는 사업의 과세 유형을 정하는 기준도 모르고 시작하는 것이 바로 대충 시작하는 것입니다. 제발 그렇게 시작하지 마세요.

우습게도 제대로 철저히 검증 단계를 거친다는 대부분의 창업자가 아주 기본적인 세무 상식조차 없다는 것에 화가 납니다. 자신의 인생과 가족에게 너무 무책임하고 잔인한 것이요. 택스코디님과 대화 나눠보시면 자신의 창업자로서의 무책임함에 깜짝 놀라게 되실 겁니다.

 예비창업자 : …… 그 부분은 미처 생각도 안 해봤네요. 그냥 전문가에게 맡길 생각에…… 기대가 되네요. 택스코디님과의 대화가.

프리코디 : 좋은 시간 되시기 바랍니다. 다시 돌아가서 '제대로' 철저히'라는 허울을 쓰고 '대충' 창업하는 것은 범죄 행위와 다를 바 없다고 생각합니다. 대한민국에서 재소자의 가족으로 산다는 것이 얼마나 가혹한지 아시나요? 다문화가정에 대한 차별은 저리 가라 할 정도지요. 실패자의 가족으로의 삶도 별반 다르지 않습니다. 그렇게 되지 않기

위해서 다시 되짚어 보겠습니다.

　지금까지 우리가 나눴던 대화의 핵심은 이것입니다. 진짜 제대로 창업한다는 것! 그것은 오직 하나만 하는 것입니다. 그리고 남들과 반대로 하셔야 합니다. 그래야 제대로 할 수 있습니다. 그래야 특별해집니다. 새로운 것을 하라는 것이 아닙니다. 남들이 다 하는 걸 하세요. 그리고 남들과 반대로 하세요.

 예비창업자 : 에? 하나만 제대로 하라는 건 이제 알겠는데 남들이 다 하는 걸 반대로요? 그게 무슨 말씀이세요?

 프리코디 : 자, 그럼 잘 아실 법한 사례들로 한번 예를 들어 볼까요? 세상에서 가장 멋진 마트는 어디일까요? 딱 생각나는 마트가 있나요?

 예비창업자 : 세상에서 가장 멋진 마트? 그런 게 있나요? 음…… 멋진 마트라…… 특이한 마트는 코스트코 정도랄까요? 연회비를 받잖아요.

 프리코디 : 와~ 정답~~!! 세상에 연회비를 받는 마트라니요~~ 미친 거 아닙니까? 누가 가겠냐고요. 세상

이 비웃었습니다. 곧 망할 거라고요. 그런데 그런가요? 줄을 선거 보셨나요? 개인적으로는 사람이 너무 많아서 좋아하는 편은 아닙니다. 그러면 세상에서 가장 멋진 선풍기는 어떤 걸까요? 딱 생각나는 선풍기가 있나요?

예비창업자 : 아, 예전에 그 날개 없는 선풍기 나왔을 때 깜짝 놀랐어요.

프리코디 : 와 또 맞추셨네요. 세상에 날개 없는 선풍기라니 말이 되나요? 다이슨이요. 전 비싸서 못 삽니다. 그럼 세상에서 가장 특별한 가구점 하면 어디가 딱 생각나세요?

예비창업자 : 가구점이야 많은데 특별한 데는 이케아? 조립도 조립이지만 기발한 상품들이 많은 것 같아요.

프리코디 : 그렇죠. 세상에 가구를 직접 조립해서 쓰라니요? 제정신입니까? 물론 그때도 조립 가구시장은 있었습니다. 하지만 워낙 작은 규모의 시장이라 곧 망할 거라고들 했지요. 그런데 결과는 어떤가요?

또 세상에 브랜드 없는 상품을 상상이나 했었나요? 그런데 지금은 떠오르는 상표 없는 상품을 파는 곳이 있습니다. 무인양품입니다. 이제는 엄청난 매출을 올리고 있고 가격도 비쌉니다.

이렇게 세상에는 일반적인 상품과 특별한 상품이 있습니다. 그 특별한 상품은 처음에는 불가능해 보이는 시도였고 그래서 모두에게 손가락질받았지만 이제 누구도 대체할 수 없는 독점사업이 되었습니다. 경쟁하는 시장 안에 있었지만, 그 모두와 다른 방법으로 접근함으로써 경쟁하지 않는 방식을 택했습니다.

 예비창업자 : 와…… 지금 소름 돋았어요. 지금까지 프리코디님이 하신 말씀들이 딱 겹치면서 말도 안 되고 남들이 비현실적이라고 손가락질했던 제안들이……

 프리코디 : 하하, 이제 감이 좀 잡히시나요? 그 특별한 상품에 대한 얘길 해보자는 겁니다. 그 특별한 상품들은 레드오션 안에 있습니다. 그냥 같은 상품인데 특별함이라는 옷을 입었을 뿐입니다. 그래서 레드오션 안에 있는 블루오션이 되었습니다. 레드에 블루를 섞으면 블랙이 됩니다. 그래서 블랙오션입니다.

누구와도 경쟁하지 않는 블랙오션을 추구해야 합니다. 그 블랙오션이 되는 방법의 하나가 하나만 제대로 하는 것입니다. 그리고 또 다른 특별함을 입히는 방법이 있습니다. 자, 저와 함께 블랙오션의 세계로 빠져들어보시죠!

　사장님의 사업에 블랙오션을 갖췄다면 제발 창업하세요. 무
조건 이기는 싸움입니다. 실패 없는 사업이 됩니다. 독점사업이
됩니다. 그리고 사장님의 추종자가 되려면 일정 비용을 지불해
야 합니다. 진짜 프랜차이즈 사업이 되는 것입니다. 사장님이 모
든 것을 결정할 수 있습니다.

 예비창업자 : 카…… 생각만 해도 가슴이 뛰네요. 꼭 그
렇게 하고 싶습니다.

 프리코디 : 자, 그럼 사장님이 시작하려는 사업에는 어
떻게 적용하면 좋을까요? 창업 자금을 대출로 준비했
다면 상환하시고요. 이미 점포를 계약했다면…… 최
선을 다할 각오를 하시고요. 아직 계약하지 않았다면 만세를 부
르셔도 됩니다. 처음부터 다시 시작해 보자고요!!

 예비창업자 : 하하, 일단 대출 알아보고 있었던 거 다
묻어야겠네요. 고맙습니다. 완전히 다르게 시작해보
고 싶어졌어요~~.

"특별한 상품은 한때는 불가능하다고
손가락질받지만 누구도 대체할 수 없는
독점사업이 되기도 한다."

❷ 경기를 타지 않고 살아남는 법

 프리코디 : 그럼 경쟁하지 않고 경기에 영향도 받지 않으며 사업하는 방법에 대해 얘길 해 볼까요?

 예비창업자 : 경쟁하지 않는 사업은 없다고 생각했어요. 이상적이고요. 독과점을 형성했다는 저 거대한 대기업들도 경쟁하잖아요. 말도 안 되는 소리라고 생각했습니다. 하지만 지금까지 얘길 나누면서 경쟁하지 않는 사업이 가능할 것도 같다는 생각이 들었어요.

하지만 경기에 영향을 받지 않는다는 건 좀 아닌 것 같기도 하고요. 세상에 그런 게 있을까 싶고. 하하, 제가 꼭 그렇다는 건 아니고요. 이런 말들을 많이 하시던데요.

 프리코디 : 네. 사장님도 처음보다 생각이 많이 유연해지신 것 같네요. 물론 경쟁이 전혀 없거나, 경기에 영향을 아예 받지 않는 사업은 없지요. 하지만 그것에 **가깝게는 가능합니다.** *경쟁하지 않는 사업은 없다고 말하는 대부분이 경쟁적인 사업을 하고 있다는 뜻이지요. 그런 방식으로 접근해서 사업을 시작했기 때문입니다.*

거듭 말씀드리지만 경쟁하고 있다는 것은 남들과 똑같거나 비

숫한 상품을 제공한다는 것입니다. 그것은 돈만 있으면 누구나 할 수 있는 사업을 시작했기 때문입니다. 대부분 프랜차이즈로 통칭하는 사업이기도 합니다. 자기 결정권이 거의 없는 사업입니다. 자신의 철학을 가지고 성장하면서 키운 사업이 아닙니다.

예비창업자 : 계속해서 들으니 이젠 프랜차이즈로 창업한다는 분들을 제가 말리고 다녀야겠어요.

프리코디 : 하하, 동의해 주시니 고맙습니다. 그런 분들은 새로운 아이템을 말씀드리면 말도 안 되는 거라고 비웃거나 손사래를 치십니다. 그러면 경쟁하지 않는 사업이 되려면 어떻게 해야 할까요?

예비창업자 : 그야 물론 남들이 다 하는 방식을 피해야겠죠.

프리코디 : 와~ 정말 많이 받아들이셨네요. 그렇습니다. 지금 내가 파는 물건이 어디든 언제든 가면 살 수 있는 무엇이 되면 안 됩니다. 예를 들어 밀면도 파는 집이 아니라, 밀면만 파는 집이 되셔야 한다는 겁니다. 꼭 특별한 아이템일 필요도 특별한 맛일 필요도 없습니다. 진짜 전문점이

되면 됩니다. 세상에 널린 전문점 중에 진짜 전문점은 1%도 안됩니다. 돈가스 하나만 파는 돈가스 전문점은 없습니다. 메뉴가 수십가집니다. 김밥 하나만 파는 김밥 전문점도 없습니다. 모든 전문점이라는 집들이 마찬가지입니다.

예비창업자 : 듣고 보니 진짜 전문점이란 곳에서 그것만 하는 집은 못 본 것 같네요. 왜 그런 걸까요?

프리코디 : 욕심 때문입니다. 돈가스 파는데 생선까스 찾는 사람, 함박스테이크 찾는 사람 모두 놓치고 싶지 않은 욕심 때문입니다. 김밥 파는데 라면 찾는 사람, 쫄면 찾는 사람, 튀김 찾는 사람 모두 놓치고 싶지 않은 작은 욕심 때문입니다.

예비창업자 : 아까 말씀하신 그 욕심 때문이다? 손님 떨어지고 매출 떨어질까 봐 불안해서?

프리코디 : 네, 다 같은 맥락이죠. 욕심과 두려움. 그게 현명한 선택을 가로막는 가장 큰 걸림돌입니다. 하지만 그 욕심과 두려움을 이겨내고 지속해서 매출의 기복이나 편차를 줄이려면 하나만 하셔야 합니다.

물론 처음엔 무슨 전문점으로 시작하는 사장님도 있습니다만 그게 잘 안 팔리면 그걸 더 잘할 생각을 하는 게 아니라, 이것저 것 다른 메뉴를 추가를 합니다. 추어탕 전문점에서 곱창을 팔기 도 하죠.

 예비창업자 : 맛만 있으면 팔리지 않겠어요? 실제로 우 리 동네에 곰탕 전문점이 있는데 겨울 한 철 과메기를 파는데 잘 팔립니다. 다른 데보다 비린내가 덜하다고 요. 나름 특장점 아닌가요?

 프리코디 : 상당히 근시안적인 전략인 거죠. 곰탕집 에서 곰탕을 더 제대로 해야 진짜 전문점이 됩니다. 과메기 많이 팔아 돈은 조금 더 벌 수 있을지 모르지 만, 전문점이라는 타이틀은 잃게 됩니다. 그 집도 아마 곰탕만 팔 지는 않았을 거에요. 애초에 과메기를 팔기 시작한 이유가 뭘까 요? 곰탕만 팔아서 줄 서서 먹는 식당이면 과메기를 팔았을까요?

 예비창업자 : 그렇진 않았겠네요. 그거 하나를 제대로 해야 한다는 거네요…… 정말 설득력 있는 제안으로 느껴져요. 좀 더 집중해야겠네요. 하나라도 제대로 해서 승부를 보라는 말씀이잖아요.

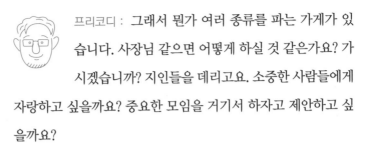

프리코디 : 그래서 뭔가 여러 종류를 파는 가게가 있습니다. 사장님 같으면 어떻게 하실 것 같은가요? 가시겠습니까? 지인들을 데리고요. 소중한 사람들에게 자랑하고 싶을까요? 중요한 모임을 거기서 하자고 제안하고 싶을까요?

예비창업자 : 그렇죠. 그런 모임이 있다면 좀 더 잘하는 집에 가자고 하겠죠.

프리코디 : 만약 하나만 파는 가게가 됐다 치면 반경 5km 안에 사장님과 완전히 동일한 가게가 있을까요? 있으면 몇 개나 될까요? 단언컨대 단 한 군데도 없을겁니다. 현재까지는 말이지요…… 앞으로 진짜 전문점이 생길지는 모르지만요.

예비창업자 : 그런데 말씀하신 것처럼 임대료가 아주 저렴한 곳에 하나만 제대로 하는 집을 차려도 될까요? 게다가 비싸고, 영업시간은 제한적이고 게다가 유동인구도 없는 곳인데 말이죠. 어디 찾기도 힘든 골목 안에 있는 데다 주차장도 없다면요? 이게 보통의 용기로는 도저히 엄두가 나지 않는 도전 아닌가요?

프리코디 : 그런데 한번 생각해 보세요. 사장님이 혹은 지인이 먹고 싶거나 사고 싶은 게 있는데, 그 일대에 제대로 하는 전문점이 거기 하나라면…… 어딘들 못 갈까요? 비싸다고 마다할까요? 문 닫기 전에 가려하지 않을까요?

 예비창업자 : 음…… 그럼 좀 더 멀리서도 올 수 있겠네요?

 프리코디 : 맞습니다. 하나만 제대로 하시면 지역적인 한계도 살짝 넘을 수 있다는 말은 그런 의미에서 하는 것입니다. 여러 가지 방식으로 경쟁하지 않는 사업은 이렇듯 정말 쉽습니다. 비용도 훨씬 적게 듭니다. 그런데 사장님들이 그게 어디 쉽냐고 말씀하시지요. 그러다 매출 떨어지면 어떻게 하냐고요…… 단언컨대 지금 이대로 남들과 크게 다르지 않은 방식이라면 처음엔 어떨지 모르지만, 곧 매출 떨어집니다. 그리고 휘청거리게 됩니다. 경쟁자는 계속해서 생길 테고 불경기는 지속될 것이기 때문입니다. 최저임금은 계속 오를 테고 근로자들의 근로시간은 계속 줄어들 것입니다.

 예비창업자 : **생각만 해도 아찔하네요. 제가 가려고 했**

던 길이었는데 그 결말을 먼저 보여주시네요.

 프리코디 : 그렇습니다. 많은 분이 지금 '모든 걸' 잃을
수도 있는 붙박이 자영업을 준비하고 계신 거지요.
이미 잃은 분도 많습니다. 전 감히 그 '모든 것'을 가
족이라는 공동체라고 말씀드립니다. 사장님이 무엇을 위해 그렇
듯 발버둥치며 악착같이 일하고 계신지 한번 생각해 보시면 좋
겠습니다. 가족을 위해서 아닌가요? 그런데 지금 그 소중한 가족
이 어떻게 되고 있나요? 그 '모든 것'을 잃는 것은 한순간입니다.
정신적인 측면에서 말입니다. 전 정말 많이 울었습니다. 요즘도
울 일이 많고요. 그 여파는 오래 갑니다.

 예비창업자 : 저도 가슴이 먹먹해지네요. 다시 한번 가
족을 돌아볼 수 있는 시간을 가지게 해 주셔서 고맙
습니다.

 프리코디 : 하나만 제대로 하는 사장님들은 한결같이
말씀하십니다. 정말 편해졌다고요. 그리고 고객이 줄
을 서는 것을 보는 게 신기하다고요. 준비된 메뉴가
매진된다는 게. 당연히 영업시간도 줄어듭니다. 다 팔렸으니까
요. 며칠 전에도 상담하고 가신 사장님이 정말 놀라운 경험을 하

고 있다고 말씀하시더라고요. 굳이 이렇게 하지 않는 것을 제가 뭐라고 할 수는 없으나 그것은 안 되는 것이고, 너무 이상적인 것이라고 말씀하시면 곤란합니다. 그렇게 하는 사람들이 버젓이 있는데, 왜 정작 본인은 안 될 거라고 생각하시는지요?

문득 고 정주영 회장님의 일갈이 생각납니다. '해보기나 했어?' 그래서 항상 말하고 다닙니다. 실행이 답이라고요.

예비창업자 : 그러게요. 오늘 말씀 나눈 거 저도 꼭 실행에 옮겨 봐야겠습니다.

프리코디 : 한번 더 생각해 보죠. 사장님이 하나만 제대로 준비해서 팔기 시작했다고 칩시다. 그렇게 파는 사업은 월 순이익이 얼마나 될까요? 최저 임금이 인상됐다고 걱정할 수준일까요? 너무 바빠져서 직원을 고용한다고 하더라도 말이죠. 주휴수당을 없애야 한다고요? 세금 내다 볼일 다 본다고요? 세금 폭탄(?) 맞을 각오나 단단히 하시는 게 맞을 겁니다. 기분 좋은 상상 아닌가요? 요식업에 종사하시는 분들이 대부분이라 그렇게 예를 들었습니다. 하지만 모든 사업이 마찬가집니다. 손님들에게 가장 필요한 게 뭘까 고민해 보시면 좋을 것 같습니다. 그러려면 사업자는 공부하셔야 합니다. 고객에게 뭘 주고 싶은지.

차별성이 있으면 그나마 다행입니다. 이미 시작한 대부분의 사장님이 가맹계약에 손발이 묶여서 이러지도 저러지도 못하고 계십니다. 애초에 잘못 시작했기 때문입니다. *자기 결정권을 가지지 못한 사업자가 경쟁하지 않는 환경을 구축하는 것은 어렵습니다. 그래서 우선 가격이든 상품이든 자기 결정권을 가진 사업자가 되셔야 합니다. 그런 측면에서 프랜차이즈는 하지 마시라는 겁니다.*

물론 좋은 브랜드도 있겠지만 중요하지 않습니다. 자기 결정권을 가진 사업자가 되고 나면 많은 기회를 만나게 됩니다. 변화의 방향은 사장님의 성향에 따라 무궁무진합니다.

 예비창업자 : 뭘 주고 싶은지 공부해야 한다고요? 자기 결정권을 가진 사업자가 되라고요?

 프리코디 : 네. 단순히 김밥 한 줄을 팔아도 든든한 한 끼를 판다는 철학을 담아 보라는 거지요. 당신의 건강한 하루를 내가 책임지겠다는 각오로 만들어 파시라는 거예요. 그리고 5천 원에 파세요. 그 안에 무엇을 넣을지는 스스로 고민하셔야 되겠지요. 학원을 운영한다고요? 그럼 어떤 아이들을 어떻게 도와서 행복하게 해줄 것인가를 고민하시면 되겠지요.

예비창업자 : 아, 그런 방식이란 말이죠! 어떤 사업이든……

 프리코디 : 네. 경쟁하지 않고 외부환경에 영향을 받지 않고 사업하는 법은 '진짜 전문가'가 되는 것입니다.

그 진짜 전문가는 제공하는 상품을 혁신적으로 단일화하는 것으로부터 시작됩니다. 고깃집도, 미용실도, 치킨집도, 병원도, 세무사도, 변호사도 뭐든 하나만 제대로 하시면 됩니다. 그거 하나는 제대로 하는 집이라는 브랜딩을 하시면 됩니다.

그 '제대로'라는 것이 추상적이라고 생각하실 수 있습니다. 그런데 오로지 하나밖에 안 하면 신경을 더 쓸 수밖에 없습니다. 그게 '제대로'하는 지름길입니다.

계속 반복해서 말씀드리지만 절대 비용을 들여서 마케팅이라는 도구를 사용하시면 안 됩니다. 사업 초반에 반드시 생기는 문제에 대한 해결책이 준비되지 않은 상태에서 들이닥친 손님들로 한순간에 망할 수 있기 때문입니다. 제대로 하는 집이 되기까지 사업자의 성장 과정이 필수적이기 때문입니다. 그 과정은 주변인들로부터 먼저 지적받고 개선하는 과정을 거치는 것입니다. 부디 그 과정을 꼭 거치셔서 한 달이든 두 달이든 석 달이든 얼마가 걸리든 진짜 전문가가 되시기 바랍니다.

그러나 무엇보다 중요한 것은 방향성입니다. 올바른 방향이어야 합니다. 대부분은 계속 경쟁하는 방식을 고집하실 것입니다. 그래서 누구든 '제대로 하나만 하는 사업'에 도전하기만 하면 이기는 게임이라고 자신있게 말할 수 있습니다. 그리고 시도해보는 분들이 작지만 성과를 내고 있습니다. 앞으로는 그 방식이 알려질 땐 점점 더 많은 분이 시도해 보시겠지요. 그 기간이 얼마나 걸릴지는 아무도 모릅니다. 그래서 하루라도 빨리 시작하시는 것이 우위를 선점할 수 있는 방법입니다.

예비창업자 : 조급해하지 말라더니 또 빨리하라고 하시네요. 앞뒤가 안 맞는데요? 하하.

프리코디 : 남들과 경쟁하는 방식으로 서두르지 마시라는 거고요. 애초에 다르게 시작하실 마음의 준비나 각오가 되셨다면 빨리 시작하시라는 거지요. 하하.

그럼 하나만 팔거나 특별한 방식으로 시작하신 사업의 사례를 하나하나 살펴보는 시간을 가져볼까요?

예비창업자 : 오~ 정말 궁금했던 내용입니다. 이제야 들어 보나요?

프리코디 : 그래요. 업종별로 몇 가지 사례를 들고 개선 방향까지 살펴보겠습니다. 그리고 새롭게 접근해 보면 좋을 사업 아이디어도 몇 가지 제안할게요.

특이하지만 특별한
차별화 전략사례

❶ 오지의 폐가로 만든 식당

– 강원도 춘천「장가네 더덕밥」

이 식당은 시내에서 한참 떨어진 외곽에 있습니다.

인적이 없는 한적한 강변길을 따라 가면 간간히 식당 건물이 보이지만 이들 식당은 모두 오래전에 문을 닫았지요. 반쯤 부서진 문짝, 반쯤 벗겨진 페인트칠, 잡초로 덥힌 주차장 마당을 보면 이곳에서 식당 장사하기 얼마나 어려운지 말해 줍니다. 그런데 갑자기 깔끔한 입간판, 깨끗하게 단장되어 있는 넓은 주차장이 나타납니다. 이 식당은 아무도 올 것 같지 않은 외지의 폐허 속에 외롭게 우뚝 서 있습니다.

　식당 안을 들어서면 내부 분위기에 한번 더 깜짝 놀라게 됩니다. 독특한 인테리어에 식당 주인의 예술적인 감수성이 곳곳에 배어 있습니다. 이 식당은 예술가가 취미로 차린 식당이라는 이미지를 줍니다.

　이 식당에 한번이라도 가 본 사람이라면 단번에 이 식당의 분위기에 매료됩니다. 음식의 가격은 꽤 비싼 편입니다. 하지만 많은 사람들이 중요한 손님을 모시고 이 식당을 찾습니다.

　이곳 사장님은 아무도 찾지 않을 곳이기에 헐값에 이 땅을 구하고, 자신의 창의성을 최대한으로 발휘하여 쓰러져가는 폐가를 독특한 건물로 바꾸었습니다. 그리고 다소 비싸지만 특별한 메뉴를 구성했습니다. 누구라도 한번만 자신의 가게에 발을 들인다면 단골이 될거라는 자신감을 가지고 있었기 때문입니다. 그리고 그의 예상은 100% 적중했습니다. 발을 들이는 고객은 모두 단골이 되었고 주변에 빠르게 입소문을 퍼뜨려 주었습니다. 이제는 예약을 하지 않으면 이 식당에서 밥을 먹을 수 없을 정도로 유명한 식당이 되었습니다.

누군가는 너무 외딴 곳이라서 식당을 열 수 없다고 판단했을 것입니다. 또 다른 누군가는 주변 환경이 너무 황량해서 식당을 열 수 없다고 판단했겠죠. 하지만 이 식당의 사장님은 그와 같은 조건으로도 식당이 성공할 수 있다고 판단했고 그 믿음대로 성공했습니다. 그는 외지이기 때문에 많은 사람들이 찾을 것이고, 주변 환경이 지저분하기 때문에 이 식당이 더 돋보일 것이라고 판단했습니다. 그리고 무엇보다 적은 돈으로 큰 땅을 확보하는 것을 최고의 장점으로 여겼을 것입니다.

이 사례로 본다면 식당 성공에 필요한 것은 자본이 아니라는 것을 알 수 있습니다. 성공의 가장 중요한 요인은 사장님의 특별한 '안목'이었습니다. 다른 사람들이 안 된다는 이유로부터 될 수밖에 없는 이유를 찾는 사장님의 예리한 감각과 남다른 관점이 중요하다는 것을 알게 해줍니다.

❷ 산속에 있는 특별한 빵집
- 강원도 춘천 「라뜰리에 김가」

이 빵집은 산속에 있습니다. 산속에 버려진 폐가를 빵집으로 개
조하여 빵과 커피를 팝니다. 돈을 준다 해도 찾아오지 않을 것 같
은 산속에 빵집이라니 정말 놀라운 일이죠?

그러나 이 빵집 역시 한번 발을 들이면 단골이 되지 않을 수 없
을 정도로 매력적입니다. *빵과 커피값은 여느 카페보다 오히려
비쌉니다.* 사람들이 이 빵집을 찾는 이유는 독특한 분위기 때문
입니다.

빵집 주인은 한국이 아닌 유럽에서 빵과 커피를 즐기는 분위기
를 연출했습니다. 방문한 손님들은 연신 감탄사를 연발하며 SNS
에 인증샷을 올리느라 바쁩니다. 이 빵집 역시 빠르게 세상에 알
려졌고, 일대에서 가장 많은 손님이 찾아오는 가장 성공한 빵집
이 되었습니다.

앞에서 말한 식당과 빵집의 주인은 어떻게 이런 오지의 버려진
건물에 자신의 가게를 차리게 된 것일까요? 돈이 많았다면 절대
로 이런 생각을 하지 않았을 것입니다. 돈이 없었기에 돈 없이 가
게를 차릴 수 있는 곳을 물색했을 것입니다. 그 결과 이런 오지
에 가게를 열게 되었습니다. 대부분은 이런 상황이었다면 개업
을 포기했을지도 모릅니다. 하지만 앞의 식당과 이 빵집의 주인

은 역발상을 발휘했습니다.

아무도 찾지 않는 오지가 오히려 강점이 되는 전략을 수립했습니다. 그 결과 아주 특별한 컨셉을 찾았고, 그것을 성공시켰습니다.

그 어떤 창업에서도 마찬가지이지만 식당 창업에서도 반드시 자본이 필수인 것은 아닙니다. 자본이 부족한 것이 오히려 행운이 될 수 있고, 자본이 아예 없는 것이 최고의 혜택이 될 수 있습니다. 그러므로 있어도 없다고 생각해 볼 수 있지 않을까요?

앞서 말씀드린 결핍의 적극적인 선택을 하시면 전략을 수립하는 데 큰 도움이 됩니다.

❸ 메뉴 없는 식당

– 전주시 완산구 「휴일식탁」

매일 한 가지 메뉴만 나오고, 날마다 메뉴가 달라지는 가게가 있습니다. 그날의 메뉴는 공개하지 않습니다. 손님들은 그저 가서 나오는 대로 먹기만 하면 됩니다. 결정 장애가 있는 사람들은 이런 방식의 식당을 좋아한다고 하네요.

메뉴를 정하고 미리 공개하는 것은 그 메뉴를 좋아하는 특정 고객에게는 긍정적인 효과를 주지만, 그 메뉴를 선호하지 않은 고객에게는 오지 말아야 할 구실을 줍니다. 주인 마음대로 그날 하고 싶은 '오늘의 메뉴'를 정합니다.

손님은 오늘은 어떤 메뉴일까 궁금해하며 식당으로 찾아가서 주인이 내주는 대로 먹습니다. 주인은 그날의 날씨와 기분을 고려하여 제철 재료들로 매일 다른 테마 요리를 만듭니다. 가격은 하나로 정해야 합니다. 메뉴를 공개하지 않는 것은 고객들에게 기대감과 설렘을 줍니다. 주인은 설렘으로 찾아온 고객들을 최대한 정성으로 만족시키면 됩니다. 물론 매일 모든 고객을 만족시킬 수는 없을 것입니다. 그건 너무 큰 욕심입니다. 다행인 것은 고객들도 매일 만족할 것을 기대하지는 않습니다. 주인은 매번 평균 80점 이상을 목표로 음식을 준비하시면 됩니다.

그러다 보면 일부 고객은 단골이 되어 이 식당을 찾을 것입니다. 주인이 한결같은 정성으로 음식을 제공한다면 고객은 빠르게 늘어날 것이고 식당은 단기간에 수익을 확보할 수 있습니다. 이 방식으로 운영하는 식당은 주로 가까이 있는 고객을 끌어들여서 충성스런 고객으로 만드는 전략을 구사합니다.

일주일 또는 한 달에 한 번 찾는 단골이 아니라 매일 찾는 단골을 확보하는 것이니 참으로 엄청난 전략이라고 할 수 있습니다. 이런 식당은 마케팅이 필요 없습니다. 최소한의 비용으로 단기간에 수익을 확보할 수 있는 식당 창업 전략입니다.

❹ 김치찌개만 파는 가게

- 마산「청송식당」

이 가게는 김치찌개 하나만 팝니다. 손님이 들어오는 대로 앉으면 그 인원에 맞춰 음식이 나옵니다. 김치찌개 하나만 하기 때문에 음식 나오는 속도도 빨라졌고 따라서 테이블 회전율도 높아졌습니다. 대기줄은 기본이고요. 반찬은 김치, 젓갈, 김, 나물 이렇게 나옵니다. 점심시간은 11시부터 2시 반까지, 저녁시간은 5시 반부터 8시까지입니다. 일요일은 쉽니다.

맛은 어떨까요? 보통입니다. 특별한 맛이 있는 건 아닙니다. 양은 어떨까요? 많습니다. 푸짐하죠. 일단 가성비가 좋다는 평가가 절로 나옵니다.

위치는요? 대로변입니다. 인근에 사무실이 많아 접근성은 좋습니다. 주차장은요? 없습니다. 주변 사람들이 찾습니다. 홍보는 다녀간 손님들이 알아서 해줍니다. 비용 한푼 들이지 않은 최고의 마케터를 고용한 겁니다. 이런 식당을 변두리에 열면 어떨까요?

❺ 카페에 제공하는 샌드위치 가게

– 카페가 있는 곳이면 어디나

이번엔 무점포로 시작하는 창업 얘기를 해 볼까 합니다. 많은 사람이 카페에서 출출할 때 샌드위치나 조각 케이크 같은 디저트 종류를 많이 사 먹습니다. 이런 디저트는 해당 카페 직원들이 만드는 게 아니라 누군가 만들어 납품하는 것입니다. 그런데 각 지역에는 대형 프랜차이즈 카페가 아닌 개인이 운영하는 카페도 많습니다. 이런 카페들은 유명 프랜차이즈 카페와 비교하면 샌드위치 또는 케이크 같은 디저트 종류가 부족합니다. 이들은 자신들에게 특별한 먹거리를 납품해 줄 파트너를 찾고 있을 것입니다. 이들을 겨냥하여 샌드위치를 전문적으로 납품하는 사업을 해보면 어떨까요? 이 사업은 점포를 차리지 않고 집에서 시작하셔도 됩니다.

이 사업은 간단해 보이지만 성공은 그저 굴러들어오지 않습니다. 굳은 성공 의지로 어떤 난관이든 극복하고자 하는 신념이 있어야만 성공이 보장됩니다. 주위의 모든 자료를 찾아 최고의 샌드위치를 연구하고, 매일 열두 번씩 샌드위치를 만드는 열정이 필요합니다. 주변 모든 사람에게 샌드위치 하나에 목숨을 걸었다는 인상을 줘야만 합니다. *최고의 샌드위치는 가격과 품질 경쟁력을 모두 충족시켜야 합니다.* 두 가지 조건이 완성되었다고 하면 이제 주변 카페를 돌며 당신의 그 특별한 샌드위치를 팔아 봅니다.

물론 처음부터 순조롭지는 않을 것입니다. 매일 역경이 닥칠 수도 있습니다. 이 역경을 극복하는 사람만이 성공의 열매를 따 먹을 수 있습니다. 역풍에 돛을 올리는 방식 기억하시나요?

매일 세일즈를 시도하면서, 카페 주인의 피드백을 받습니다. 그러면서 *매 순간 제품을 업그레이드하고 당신의 열정도 업그레이드해야 합니다.*

10번 거절당하면서도 찾아가고, 20번 거절당하면서도 찾아가는 이 과정을 즐길 수 있다면, 어떤 까다로운 거래처도 당신의 고객이 되어줄 것입니다.

❻ 꼴찌만 가르치는 수학전문학원
– 꼴찌가 있는 곳이면 어디나

이 학원은 꼴찌만 가르칩니다. 꼴찌에서 벗어나고 싶은 학생들이면 누구나 배울 수 있습니다. 원장님은 누구보다 꼴찌의 감정과 필요에 대해 이해하고 있어야 합니다. 그래서 그들의 떨어진 자존감을 세워주고 작은 성취를 통해 자신감을 얻게끔 지도하는 노하우를 쌓아야 합니다. 어떻게 해야 수학에 자신감을 가질 수 있을지 고민하시면 됩니다.

누가 그들을 가르칠 것인지도 고민해 보시면 좋겠습니다. 그들에게 가장 좋은 선생님은 그들보다 조금 더 잘하는 친구들이 될 수도 있습니다. 어쩌면 같은 경험이 있는 선생님을 만날 수도 있습니다. 주변 모든 사람에게 꼴찌들만 전문적으로 가르치는 사람이라는 인식을 심어주기만 한다면 말이죠.

주변에 꼴찌를 벗어나고 싶은 아이들을 찾아서 탈출시켜 주세요. 그리고 그 아이가 높아진 자존감으로 다른 공부도 더 열심히 할 수 있는 계기를 만들어 주시면 됩니다. 그 아이를 통해 주변으로 확산시키는 과정을 거치시면 됩니다. 처음엔 방문 교육을 하시면 됩니다. 오랜 시간이 지나지 않아 원장님을 찾는 학부모가 늘어날 것입니다.

수업료는 비싸게 받으셔야 합니다. 충분히 어렵고 가치 있는 일이기 때문입니다. 한 아이의 인생을 통째로 바꾸는 일이라는 사명감을 가지셔도 좋습니다. 그렇게 인원이 늘면 주변 학원에 찾아가서 특정 시간만 공간을 임대하는 방식으로 운영을 하셔도 좋습니다.

　점점 확대해 가면서 학원 자체를 인수할 수도 있습니다. 이때 명심하셔야 할 것은 차량 운행은 하지 않는 것입니다. 오로지 꼴찌 탈출에만 전념하는 학원이 되시는 겁니다. 거듭 말씀드리지만 안 되는 이유보다 꼭 해야만 하는 이유만 생각하시면 답이 보이기 시작합니다.

❼ 빌라만 매매하는 부동산 전문가
– 부동산이 있는 곳이면 어디나

우리 주변에 부동산 사무실은 정말 많습니다. 그곳의 공통점은 모든 분야를 취급하는 가짜 전문가라는 것입니다. 상가 전문가라고 하는 사람도 토지·주택·오피스텔·아파트·분양권 이 모든 것을 다 취급합니다. 하지만 그중에 빌라 그것도 전·월세는 빼고 오직 매매만 전문으로 하는 전문가가 있습니다.

그 사업자는 애초에 법정 중개 수수료만 받는 아파트 같은 매물은 거래 자체를 하지 않았습니다. 오로지 빌라 하나만 취급했습니다. 광역시의 절반 이상 지역의 매물들을 90% 이상 확보하게 된 그의 전략은 오로지 빌라 하나만 취급하기로 하면서 수립된 것입니다. 협상의 달인이 되기까지도 빌라 매매만 취급함으로써 오랜 시간이 걸리지 않았습니다.

그것만 해서 먹고살겠냐는 주변의 시선이 두려웠을까요? 그는 그것 하나만 해야 더 쉽고 더 많이 벌 수 있으리라는 확신이 있었습니다. 그는 역풍에 돛을 올렸기 때문에 부동산 시장이 얼어붙은 시기에도 흔들림 없이 사업을 유지할 수 있었습니다.

주변에 부동산 전문가가 되려는 분들을 많이 봅니다. 상가든 토지든 분양이든 하나만 하는 진짜 전문가가 되시길 바랍니다.

상가 임대만 하는 부동산 전문가는 어떨까요? 창업하겠다고 뛰어드는 대부분의 영세한 자영업자들에게 그러니까 점포의 위치나 상권에 대한 *완전히 다른 관점을 제시해 주고 업종별 전략까지 제시해 주는 진짜 전문가* 말이지요. 임대 수수료는 건물주에게 받고 임차인에게는 컨설팅 비용을 받는 진짜 상가 임대 전문가 말입니다.

❽ 전복죽 하나만 파는 죽 전문점
- 배고픈 사람이 있는 곳이면 어디나

주변에 죽집은 많이 있습니다. 대부분 프랜차이즈이고 많은 종류의 죽 메뉴가 있습니다.

죽은 대표적인 슬로우푸드 메뉴입니다. 주문하고 10분 정도를 기다리거나 미리 주문하고 가지러 가기도 합니다. 하지만 한 가지 죽만 파는 집이 있다면 어떨까요? 하나만 하는 죽집이기 때문에 기다리지 않아도 금방 나옵니다.

전복죽 하나만 팝니다. 전복을 많이 넣어서 식감도 좋고 맛도 좋습니다. 새벽 수산물 시장에서 싱싱한 전복을 사 와서 내장을 넣어 가마솥에 오랫동안 푹 삶아낸 죽입니다. 조금 외진 변두리에 있어도 상관 없습니다.

오전 11시에 영업을 시작해 하루에 백 그릇만 팝니다. 포장도 포함이기 때문에 언제 재료가 동이 날 지 알 수 없습니다. 그래서 오전 9시부터 줄을 서서 번호표를 받습니다. 10시 넘으면 살 수 없습니다. 그래서 영업은 30분이면 끝납니다. 지역별로 계속 생겨난다고 하더라도 전혀 문제 될 게 없습니다.

굳이 경쟁하지 않아도 되기 때문입니다. 영업일수와 시간은 자율적으로 운영 가능합니다. 가격 또한 마찬가지입니다. 단일메뉴의 물가 변동을 고려해 시가로 팔 수도 있습니다. 경쟁하지 않

160

고 외부 환경에 영향을 받지 않는 자유로운 창업이 될 수 있습
니다.

❾ 비빔밥 하나만 파는 비빔밥 전문점
- 맛집 찾는 사람이 있는 곳이면 어디나

비빔밥은 식당에서 흔하게 먹을 수 있는 메뉴입니다. 심지어 김밥집에서도 먹을 수 있습니다. 그런데 비빔밥 하나만 파는 식당이 있습니다. 그냥 간판에 'OO비빔밥'이라고 되어 있습니다. 가게 안에는 메뉴판도 없습니다. 그냥 앉으면 사람 수대로 비빔밥이 나옵니다. 반찬은 김치 한 종류뿐입니다. 그마저도 셀프고 고추장만 취향 따라 비벼 먹을 수 있게 줍니다.

일단 비빔밥 그릇이 크고 예쁩니다. 네 종류의 나물과 계절 채소가 풍성하게 올려져 있습니다. 계란 프라이 하나와 다진 소고기도 있습니다. 비빔밥치고는 비싼 편이지만 맛있습니다. 갓 지은 밥은 무제한으로 먹을 수 있습니다.

조금 외진 변두리에 있습니다. 오전 11시 30분에 영업을 시작합니다. 그런데 하루에 백 그릇만 팝니다. 언제 마감할지 알 수가 없습니다. 보통 12시 30분이면 마감입니다. 역시 지역별로 계속 생겨난다고 하더라도 전혀 문제가 될 게 없습니다. 굳이 경쟁하지 않아도 되기 때문입니다.

영업일수와 시간은 자율적으로 운영 가능합니다. 가격 또한 마찬가지입니다. 단일메뉴의 물가 변동을 고려해 시가로 팔 수도 있습니다.

프리코디 : 여기까지입니다. 하늘 아래 새로운 일은 없다고 했던가요? 이미 누군가는 하고 있고 누구든 할 수 있는 일입니다. 대부분이 하는 생각과 같은 방식으로만 하지 않는다면 누구든 가능한 창업이 될 것입니다. 궁금하신 점이 있나요?

 예비창업자 : 하하, 네 뭐 한 두 가지가 아닌데요. 의문점도 들고요.

프리코디 : 네. 그 의문점들은 사장님이 직접 창업을 시작할 때 정리하기로 하고요. 일단은 조금 쉬셨다가 택스코디님을 만나 얘기 나눠보시죠. 신나는 경험을 하시게 될 겁니다. 수고 많으셨습니다.

PART 2
택스코디를 만나다

안녕하세요. 택스코디입니다. 저는 창업하기 전부터 세무에 대한 상식을 알고 시작할 수 있도록 도와주는 일을 합니다. 사장님이 세금 신고에 신경 써야 합니까? 그렇습니다. 증빙 자료를 제출하고 절세를 위한 단계를 밟는 것은 사장님으로부터 출발하기 때문입니다. 저와의 대화를 통해 세무가 어렵다는 편견을 깨고 보다 쉽게 사업을 운영하실 수 있기를 바랍니다.

6

돈과 세금은
함께 다닙니다

---

❶ 사업자등록은 간이과세로 시작을 해야 한다

택스코디 : 세무 상식은 창업 전부터 배우셔야 합니다. 창업 전 세무 상식이 가장 중요합니다.

예비창업자 : 제 상식으론 먼저 창업을 해서 돈을 벌어야 세금도 내고 하는 거 아닌가요? 지금 창업 준비로 고민할 게 한두 개가 아닌데, 세무 공부는 돈을 벌고 난 뒤에 해도 늦지 않을 것 같은데 아닌가요? 돈을 벌기도 전에 세금에 대해 생각하고 싶지 않은데요.

166

택스코디 : 많은 분이 그렇게 생각하시는데요. 개인 사업자 세금의 구조에 대해 조금 알아볼까요? 개인 사업자의 세금, 즉 부가가치세·종합소득세는 번 돈에서 벌기 위해 쓴 돈을 빼는 방식이랍니다. 벌기 위해 쓴 돈이 언제 가장 많이 지출될까요? 그렇지요. 창업 직전입니다. 인테리어도 해야 하고, 각종 설비도 갖추어야 합니다. 소위 말하는 목돈이 가장 많이 지출되는 시기랍니다. 이해되시죠? 사장님.

 예비창업자 : 벌기 위해 쓴 돈이 중요하다?

 택스코디 : 네. 개인사업자는 과세 유형을 선택할 수 있습니다. 일반과세사업자로 할지, 간이과세사업자로 할지 말이지요. 과세 유형에 따라 물건을 사는 방식이 다르기 때문에 첫 단추부터 잘 끼워야 합니다. 흔히 말하는 절세는 이때부터 이뤄지거든요. 예를 들면 일반과세사업자는 적격증빙을 무조건 수취해야 하고, 간이과세사업자는 비적격증빙(소명용증빙)이더라도 싸게 사는 것이 중요합니다. 말이 조금 어렵지요? 용어에 대한 설명은 다시 하기로 하고요. 예를 들어 설명해 드리죠.

예비창업자 : 네. 어렵네요. 예를 들어 주시면요?

택스코디 : 동일한 매입, 매출일 때 과세 유형에 따라 얼마나 세금이 차이가 나는지 예를 들어 볼게요. 일반과세사업자와 간이과세사업자의 부가가치세 산출사례를 간단히 비교합니다.

식당을 운영하는 김 사장님은 부가가치세 신고를 앞두고 있습니다. 미리 얼마를 내야 할지 알고 싶습니다.

1~6월까지 카드 매출(현금영수증 포함)은 2,455만 원, 현금 매출은 405만 원으로 총매출은 2,860만 원입니다. 그리고 매입계산서는 440만 원을 받아두었지요. 부가가치세는 계산방식은 '부가가치세 = 매출세액 – 매입세액'입니다.

김 사장님이 일반과세 사업자라면,

총매출이 2,860만(2,600 + 260)이므로 매출세액은 260만 원입니다. 총매입이 440만(400 + 40)이므로 매입세액은 40만 원입니다. 신용카드 매출세액공제는 2,455만 × 1.3% = 319,150원이 됩니다.

260만 원 – 40만 원 – 319,150원 = 1,880,850원

납부해야 할 부가가치세는 1,880,850원입니다. 여기까지 이해되시나요?

김 사장님이 간이과세 사업자라면,

'부가가치세 = 납부세액 - 공제세액'입니다.

그러므로 납부세액은 매출세액 260만 원 ×10%(음식업종 부가가치율) = 26만 원. 공제세액은 매입세액 40만 원 ×10%(음식업종 부가가치율) = 4만 원. 신용카드 매출세액공제 2,455만 × 2.6% = 638,300원(음식·숙박업만 2.6% 적용) 260,000원 - 40,000 - 638,300 = -418,300원(간이과세 사업자는 부가가치세 환급을 받을 수 없음).

따라서 납부해야 할 부가가치세는 0원입니다.

여기서 간이과세자와 일반과세자의 세금 차이가 매우 크다는 것을 알 수 있습니다. 따라서 일반과세사업자로 전환되면 지금보다 훨씬 더 매입세금계산서를 잘 챙겨야 세금을 줄일 수 있다는 결론이 나옵니다.

예비창업자 : 잠깐만요. 그러면 무조건 간이과세사업자로 등록하는 게 좋은 거 아닌가요? 부가세가 훨씬 작으니까요. 그리고 일반과세사업자로 전환된다는 게 무슨 말씀인가요?

택스코디 : 얘기가 조금 길었는데 가능하다면 간이과세 사업자로 시작하는 게 좋겠지요? 하하 궁금한 게

많으시죠? 차차 설명하겠습니다. 너무 조급해하지 마시고요. 일반과세사업자로 전환된다는 것은 세법에서 정한 매출 규모 초과 시 자동 전환된다는 것을 의미합니다. 역시 차차 설명해 드릴게요. 궁금한 건 지금처럼 혹 들어오시면 되겠습니다. 하하

예비창업자 : 네. 일단 가능하다면 간이사업자로 시작하면 좋겠다는 건 알겠네요. 개인사업자의 유형이 선택할 수 있다 하셨는데, 좀 전 말씀대로라면 전 간이과세사업자로 시작을 하고 싶은데 세무서에 가서 간이사업자로 한다고 신고하면 되는 건가요?

택스코디 : 그렇죠. 대다수 사업의 시작은 간이과세가 일반과세보다 세제 혜택을 보니 유리합니다. 하지만 모든 경우에 간이가 가능한 것은 아닙니다. 간이과세사업자 등록이 불가능한 경우를 한번 볼까요?

◎ 간이과세 배제업종
제조업이나 광업, 도매업, 부동산임대업, 매매업, 유흥업, 변호사업 등의 경우 원천적으로 간이과세자가 될 수 없습니다. 제조업의 경우에도 제과점이나 양복점 같은 최종 소비자에게 바로 연결되는 업종의 경우 예외가 있긴 합니다. 서비스업임에도 네

일관리, 피부관리 등은 간이과세사업자 등록이 불가능합니다.

◎ 간이과세 배제지역

간이과세가 가능한 업종이지만 배제되는 지역에 있을 경우 무조건 일반과세자로 사업자를 내야 합니다. 서울의 경우 강남, 대구의 경우 동성로, 부산의 경우 서면 일대 등 중심상업지역에 있는 경우가 해당합니다. 관할 세무서에서 정한 기준에 따르시면 됩니다.

◎ 간이과세 배제건물

백화점이나 대형마트 같은 곳이 해당합니다. 이들 건물에 입점하여 있는 소규모 점포도 일반과세자로만 등록이 됩니다.

예비창업자 : 임대차 계약을 하지 않은 것이 천만다행이네요. 간이과세가 세제 혜택이 있다는 것을 알아서 자세히는 몰라도 '속으로 간이사업자로 해야지' 했거든요. 배제 지역에 해당하는지를 먼저 알아보고 점포 선정을 다시 해야겠네요. 그런데 기본적으로 점포의 위치는 유동인구도 많고 목이 좋아야 하는데 그런 자리는 대부분 중심상업지역이라 간이사업자 등록이 안 되는 경우가 많은 거 아닌가요?

택스코디 : 맞습니다. 꼭 정해놓은 지역이 있지 않다면 가능하면 중심상권은 배제하는 것이 좋겠지요.

 예비창업자 : 조금 전 간이과세사업자의 부가세 산출과정에서 업종별 부가가치율이란 단어를 말씀하셨는데 조금 더 자세히 설명해 주세요.

 택스코디 : 네. 간이과세사업자는 쉽게 말해 일반과세사업자의 부가가치세 산출금액에 업종별 부가가치율을 곱한다고 생각하시면 됩니다. 먼저, 업종별 부가가치율이 어떻게 되는지 볼까요?

업종별 부가가치율

업 종	부가가치율
전기·가스·증기·수도사업	5%
소매업·음식점업·재생용 수집 및 판매업	10%
제조업·숙박업·운수 및 통신업	20%
건설업·부동산임대업·기타 서비스업	30%

사장님이 음식점을 하고 있고 일반과세자이고 부가세가 100만 원이 나왔다고 가정합시다. 그러나 간이과세자라면 음식점업

부가가치율이 10%이므로 100만 원×10% = 10만 원만 부가가
치세를 내면 됩니다.

　이런 간이과세사업자만의 유리한 계산 방식 때문에 간이과세
자로 사업을 시작한다면 세금계산서를 받지 않으셔도 됩니다.(
사업자 간의 거래는 세금계산서를 주고받습니다. 인테리어 비용이 1,000
만 원이 나왔으면 인테리어 업자들이 '세금계산서가 필요하면 부가세 10%
를 더 주셔야 합니다.' 그럼 1,100만 원을 주고 1,100만 원이 기재된 세금
계산서를 받습니다) 정리하면 간이과세사업자라면 인테리어 비용
1,000만 원만 업자에게 주고 세금계산서를 받지 않는 것이 계산
상으로 유리한 매입 방법이라 하겠습니다. 인테리어뿐만이 아니
고 모든 거래를 이렇게 하는 것이 간이과세자의 경우 유리합니
다.(매입처가 흥정을 받아줄 경우에 한합니다)

택스코디의 한 줄 팁

사업의 시작은 간이과세로 시작하는 것이 유리합니다. 간이과세 사
업자는 '자료 없이 싸게 사는 것'이 올바른 매입 방법입니다.

❷ 세금 신고를 앞두고는 아무것도 할 수가 없다

 예비창업자 : 지금은 오픈 준비 때문에 이것저것 신경 쓸 게 너무 많습니다. 아직 부가세신고 날짜는 한참 남아 있는데 그때 가서 공부하면 되지 않나요?

 택스코디 : 아닙니다. 세금 신고에는 하나의 함정이 있는데요. 바로 *과세기간과 신고·납부 기간이 다르다*는 것입니다. 자세히 설명해 드릴게요.

'과세기간'은 종합소득세, 법인세, 부가가치세 등과 같이 일정한 기간의 과세표준을 계산하게 되는 시간적 단위를 말합니다. 예를 들면, 종합소득세 과세기간은 매년 1월 1일부터 12월 31일까지이고, 부가가치세는 1월 1일부터 6월 30일까지를 제1 과세기간, 7월 1일부터 12월 31일까지를 제2 과세기간으로 규정하고 있습니다.

'신고 납부기간'은 종합소득세, 법인세, 부가가치세를 신고하고 납부하는 기간을 말합니다. 예를 들면, 종합소득세는 5월 1일부터 5월 31일까지, 부가가치세는 1월 1일부터 1월 25일까지, 7월 1일부터 7월 25일까지입니다.

이렇듯 과세기간과 신고 납부기간이 구분되어 있기 때문에, 신고 납부기간에 예상보다 많은 세금이 부과될 경우가 생기면 절세 할 수 있는 방법이 매우 적을 수밖에 없습니다.

 절세의 시작은 신고 기간을 앞두고 세무대리인이 하는 것이 아니라, 매입하는 그 순간부터입니다. 그렇기에 미리 세무 상식을 알아가는 것이 중요하다는 것입니다.

 예비창업자 : 아…… 정말 꼭 알아야겠다는 생각은 듭니다. 하하. 그럼 진도 조금 더 나가 볼까요?

 택스코디 : 방금 말씀 드린 내용인 개인사업자 세금 신고 종류 및 신고 기간을 알기 쉽게 표로 다시 만들어 보았습니다.

종 류	과세 기간	신고 기간	비 고
부가가치세	**일반과세자** 1/1~6/30, 7/1~12/31 **간이과세자** 1/1~12/31	**일반과세자** 7/1~7/25, 다음해 1/1~1/25 **간이과세자** 다음해 1/1~1/25	신고불성실 납부불성실 가산세
종합소득세	1/1~12/31	다음해 5/1~5/31	신고불성실 납부불성실 가산세
원천세	**매월 또는 반기별** 1/1~6/30, 7/1~12/31	**매월 납부** 다음달 10일 **반기별 납부** 7/10일, 다음해 1/10	신고불성실 납부불성실 가산세
지급명세서	상용근로자, 프리랜서 1년에 2회	상용근로자, 프리랜서 7/10, 1/10(연2회)	미제출시 가산세

예비창업자 : 네, 이렇게 표로 보니까 훨씬 보기가 쉽네요. 그런데 원천세, 지급명세서는 처음 보는 용어인데 무엇인가요?

 택스코디 : 1인 사업장은 해당 사항이 없습니다. 직원이 있는 경우에는 표에서 보시는 바와 같이 매월 또는 반기별 원천세를 납부해야 하고, 지급명세서를 제출하여야 합니다. 원천세 신고의 의미는 사업자의 소득을 지급하는 자의 비용으로 인정하고, 소득을 지급받는 자의 수입금액을 확인하는 작업이기도 합니다. 지급명세서 제출이라는 작업을 통해 소득의 귀속자를 구체화하는 것입니다.

개인사업자가 부가가치세를 신고한다는 의미는 본인 사업의 매출액을 확정하는 효과도 지닙니다. 그러므로 종합소득세와 서로 불가분의 상관관계를 지닌다고 할 수 있습니다. 무슨 말이냐면 부가가치세 신고부터 잘해야 종합소득세 신고를 제대로 할 수 있다는 의미입니다. 그만큼 기초가 되는 부가가치세 신고에 대해 잘 이해하셔야 한다는 말이죠. 계속 잘 따라와 주시면 '세금 그까짓 거'라는 말씀을 하시게 될 겁니다. 하하.

❸ 사업자등록 전이라도 비용처리는 가능하다

예비창업자 : 오픈 준비 중입니다. 사업에 관련된 비용
은 세금계산서를 받아두라고 하던데, 상대 거래처에
서 사업자 번호가 있어야 세금계산서 발행이 가능하
다고 합니다. 아직 영업신고증도 나오지 않았고 물품은 지금 세
일기간이라 사야 하는 상황입니다. 어떻게 해야 하나요?

택스코디 : 잠시만요. 그런데 세금계산서를 받아 두라
고 누가 그러던가요? 사장님은 간이과세사업자인가
요? 일반과세사업자인가요? 어떤 차이가 있는지 알
고는 계신가요?

예비창업자 : 네. 간이과세사업자가 유리하다는 말은
들어서 대충 알고는 있어요. 그런데 전 일반과세사업
자로 등록해야 합니다. 세무서에 물어보니 간이과세
사업 배제지역이라네요.

택스코디 : 음…… 한번 더 알아보시면 좋겠네요. 배
제지역에 굳이 점포를 계약하시려는 이유라도 있는
지 궁금하고요. 일단 사업자 등록 전에도 세금계산

서 발급이 가능합니다. 자세히 설명해 드릴게요.

사업자등록 전 매입세액은 과세기간 종료일로부터 20일 이내에, 그리고 사업자등록을 신청한 경우, 공급 시기가 속하는 과세기간의 개시일부터의 매입은 공제가 가능합니다. **쉽게 풀이하면 만일, 내년 1월 20일까지 사업자등록을 하신다면, 올해 7월 1일부터 12월 31일까지의 매입세액에 대해서 매입세액공제가 가능합니다.** 세금계산서는 주민등록번호, 성명, 주소 기재한 것이면 가능하거든요. 우선 사업을 시작할 경우 세무 절차에 대해 간단히 설명드릴게요.

1) 사업을 시작하면 가장 먼저 사업자등록을 해야 합니다.
2) 사업자등록은 사업장마다 해야 합니다.
3) 사업자등록은 사업 개시 전이라도 가능합니다.
4) 사업자등록은 신청일로부터 3일 이내에 교부하도록 돼 있습니다.

허가, 신고, 등록 업종일 때는 허가증, 신고증, 등록증 등이 사업자등록 시 반드시 포함되어야 합니다.

업종 구분 예시

허가 업종	단란주점, 유흥주점, 성인오락실, 신용정보업, 유료직업소개소 등
신고 업종	일반음식점, 휴게음식점, 교습소, 미용실, 제과점, 당구장, 세탁업, 헬스클럽, 동물병원 등
등록 업종	공인중개사사무소, 독서실, 노래연습장, PC방, DVD방, 청소년오락실, 약국, 의원, 학원 등

 예비창업자 : 그렇게 복잡하거나 어렵지는 않네요. 관할 관청에 가서 허가증, 신고증, 등록증 등을 받아 관할세무서에 가서 사업자등록을 하면 되는 거네요. 갑자기 궁금한 것이 생겼는데 한 공간에 두 개의 사업자도 가능한가요?

 택스코디 : 업종에 따른 내용은 어렵지 않은데, 실제로 해당 관청에 가서 신고나 허가를 받는 과정에서 규정이나 조건에 부합되지 않을 경우 난처한 상황이 발생할 수 있습니다. 소방·위생 관련한 규정들은 좀 더 알아보셔야 합니다. 관할 관청마다 관련 규정이 조금씩 상이하니 미리 확인해 보셔야 합니다.

동네에서 작은 1인 헤어샵을 운영하고 있습니다. 샵인샵으로 네일샵을 내어주고 싶은데, 사업자등록이 가능할까요?

 예비창업자 : 요즘 주변에 그런 시도를 하시는 분들 많이 있는 것 같아요. 식당 안에 작은 카페를 운영하시기도 하고요. 그런 분들 세무적인 부분은 어떻게 정리하는지 궁금했거든요.

 택스코디 : 이런 경우라면 신분증, 영업신고증 등의 기본서류 외에 추가로 서류가 필요합니다. 전대차계약서, 건물주동의서 정도가 되겠네요. 관할 관청마다 약간은 다를 수 있으니 등록 전에 꼭 관할 세무서에 전화부터 해보세요. 그리고 궁금한 점이 생기면 관할 관청에 직접 전화해서 물어보는 게 제일 정확하고 빠릅니다. 저와의 대화가 끝날 때쯤이면 질문의 수준이 달라져 있을 겁니다. 그리고 이건 기억해 두세요. 그들의 말이 결코 정답이거나 결과를 책임져 주지 않는다는 것을요. 모든 선택과 결정에 대한 결과는 사장님 본인의 몫입니다. 차차 그런 사례도 들려드리겠습니다.

예비창업자 : 네? 그게 무슨 말씀이세요? 아니 소위 전문가라는 사람에게 물어서 유권해석을 받든지 지침

을 받아서 했는데 사업자가 책임져야 한다고요? 이건 이해가 안 되는데요? 정말 납득이 안 가네요. 뭐 그런 경우가 다 있데요?

 택스코디 : 그럼 그런 간단한 사례를 하나 소개해 드리지요.

택스코디 : 궁금한 게 있어서 문의드립니다.

세무공무원 : 네. 말씀하세요.

택스코디 : 네일샵을 창업할 건데, 간이과세로 등록 가능한지요?

세무공무원 : 네. 등록 가능합니다.

택스코디 : 제가 알아보니, 네일은 서비스업임에도 간이가 등록 불가하다던데, 제가 잘못 알고 있나요?

세무공무원 : 그런가요?…… 확인 후 다시 연락드릴게요. *(잠깐 시간이 흐른 후)* 확인해보니 관련 기준이 추가되었네요. 간이 배제기준이 추가되어 네일은 간이가 불가합니다.

택스코디 : 네, 답변 감사합니다.

 택스코디 : 얼마 전 실제로 있었던 사례입니다. 만일

세무공무원의 잘못된 도움으로 간이사업자로 등록을 했다고 치고, 그래서 1년 정도 사업을 간이사업자로 운영했는데 어느 날 국세청으로부터 우편 한 통이 '귀 사업장은 일반과세인데 간이과세로 1년간 운영을 하였으니 다시 부가세를 일반과세로 정정 신고하세요'라고 옵니다. 그러면 사업주는 다시 일반과세로 정정 신고 하셔야 합니다. 당연히 그에 따른 가산금도 물어야 합니다. 세무공무원의 잘못된 정보로 인한 불이익도 사업자 본인의 책임입니다.

❹ 세무대리인을 쓰더라도 알고 부려라

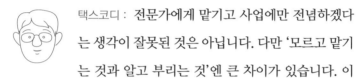

예비창업자 : 저는 사업자등록을 발급받으면 바로 세무사사무실에 맡길 생각입니다. 뭐 비용이 적게 들어가는 요식업 협회도 있긴 한데, 세무란 부분이 제가 알기에는 워낙 어려워서 전문가들에게 맡겨두는 것이 비용은 들지만, 세무조사나 세금폭탄 같은 상황에 안심도 되고 세금도 적게 나올 것 같은데요. 안 그런가요?

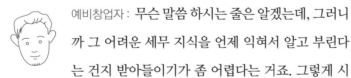

택스코디 : 전문가에게 맡기고 사업에만 전념하겠다는 생각이 잘못된 것은 아닙니다. 다만 '모르고 맡기는 것과 알고 부리는 것'엔 큰 차이가 있습니다. 이 말엔 동의하시죠? 사장님이 주방장의 업무를 전혀 모르고 맡기는 것과 알고 부리는 것이 어떤 차이가 있는지 생각해 보시면 금방 알 수 있을 것 같은데요? 어떤 게 사업을 안정적으로 운영하는 데 도움이 될까요?

예비창업자 : 무슨 말씀 하시는 줄은 알겠는데, 그러니까 그 어려운 세무 지식을 언제 익혀서 알고 부린다는 건지 받아들이기가 좀 어렵다는 거죠. 그렇게 시간이 오래 걸리는 일을 굳이 해야 하나 싶은 거죠. 한 달에 돈 몇

만 원이면 해결되는 일을 말이지요. 그 시간에 돈을 더 벌면 되는 거 아닌가요?

택스코디 : 저도 사업을 하면서 10년 이상 지인의 소개로 한 회계사무실에 맡겼었죠. 그 시절에 제가 겪은 에피소드 하나 들려 드릴게요. 언제쯤인지 정확히 기억나지는 않지만, 부가가치세 신고를 며칠 앞두고 세무대리인으로부터 전화가 왔습니다.

'사장님 큰일 났어요. 이번 부가가치세가 1,000만 원도 넘을 거 같아요. 매입 자료 더 안 될까요?'라고 말이지요. 매입 자료야 늘 부족하니 '이번 세금 좀 나오겠구나' 하고 생각하던 차에 예상보다 엄청나게 많이 나온다고 하니 순간 하늘이 노래지는 경험을 했습니다. 그래서 고정매입거래처에 7% 주고 매입 자료를 샀습니다.(3,000만 원 정도의 매입자료를 210만 원 주고 샀습니다)

부가가치세 신고 당일 날, 사무장에게서 전화가 왔습니다. '사장님 500만 원 밑으로 낮췄습니다. 너무 걱정마세요' 연거푸 '감사합니다. 사무장님' 속으로 역시 세무대리인을 잘 뒀구나 싶어 엄청나게 뿌듯해했습니다. 주위에는 자랑질했지요. '이번 부가가치세 천 이상 나올 거를 우리 회계사무실에서 반 이상 절세해 줬다. 너희들도 회계사무실 바꿔라' 이러면서 말이지요. 어떻게 이런 웃지 못할 상황이 벌어졌을까요? 세무대리인이 유능해서요? 절대 아닙니다. 다시 한번 복습해 볼까요?

'부가가치세 = 매출세액 – 매입세액'입니다.

지금에 와서 어느 정도의 상식을 갖추고 생각해 보면 너무나도 뻔한 답이 있습니다. 일단 3,000만 원 정도 매입 자료를 추가했으므로 대략 300만 원 조금 안 되는 금액은 스스로 해결한 겁니다. 그리고 부가가치세 신용카드 매출세액공제가 있습니다. 신용카드 신고금액이 2억 원이라면 공제율 1.3%로만 잡고 그것만 해도 260만 원 절세할 수 있습니다.

결론은 세무대리인에게 뛰어난 능력이 있어서가 아니라, 약간의 세무 상식만으로도 충분히 납부할 세금을 절약할 수 있었다는 것입니다. 세무대리인을 고용한다고 해서, 납부할 세금이 줄어드는 게 아니라는 겁니다. 절세가 되는 게 아니라는 거지요.

오히려 직접 매입자료를 잘 챙기기 시작하면 그럴 때 진짜 납부할 세금(부가가치세를 넘어 종합소득세까지도)이 줄어듭니다. 절세의 시작은 매입자료를 챙기는 것부터!! 잊지마세요.

 예비창업자 : 그런데 아무리 매입자료를 잘 챙긴다고 해도 회계사무실에서 해 주는 일들을 제가 할 수 있

을 것 같지는 않은데요? 택스코디님도 그 당시 카드 매출만 2억이 넘을 정도면 그 많은 자료관리를 회계사무실에서 해 주는 게 혹은 그랬기 때문에 더 사업에 매진할 수 있었던 건 아닐까요?

 택스코디 : 하하, 또 그렇게 생각할 수도 있는 거군요. 하지만 계속 대화를 나누다 보면 아시겠지만, 전혀 그렇지 않다는 것입니다.

자, 그럼 세무대리인이 하는 일은 무엇인지 한번 살펴볼까요? 대리기장·대리보관·대리신고…… 크게 요약하면 이 세 가지가 다입니다. 그냥 대신해 주는 것이지요. 세무대리인을 쓴다고 막연히 절세되는 것은 아니랍니다.

절세는 신고자 본인이 챙겨야 합니다. 평소에 철저한 매입 장부 관리를 통한 매입공제를 빈틈없이 챙기고…… 물론 적격증빙의 형태로 말이지요…… 또 각자의 사업자 유형에 따라 합리적으로 물건을 구매하고(이 부분은 충분히 이해되셨죠? 일반과세사업자는 더 비싸게 주더라도 무조건 적격한 매입자료 챙기고 간이과세사업자는 매입자료 보다는 더 싸게 살 수 있는 방식을 택해야 한다는 거 잊지 마세요) 등등.

세무대리인으로부터 '사장님은 간이과세자이니, 물건을 매입할 땐 자료 없이 싸게 사는 게 득입니다. 매입은 이렇게 하세요' 란 조언은 듣기 힘듭니다. 그런 세무대리인이라면 뭐 믿고 맡겨

보시든지요. 하하, 그래도 본인이 하는 것만 못합니다. 세무대리인이 절세를 해 주진 않습니다. 세법에 조금 밝으니 공식을 적절히 잘 활용하는 정도? 물론 그 공식도 어렵지 않습니다. 부가가치세 산출 공식은 이렇게 간단합니다.

$$부가가치세 = 매출세액 - 매입세액$$

예비창업자 : 그러니까 매입자료만 잘 챙긴다면 회계사사무실에 맡길 필요가 없다고 말씀하시는 건가요? 알고 부리는 것이 필요한 줄은 알겠는데 지금 이 정도 지식 정도로는 턱없이 부족한 거 아닌가요? 그냥 부가가치세 구하는 공식 하나 외웠다고 다 해결되는 건 아니잖아요?

택스코디 : 네, 맞습니다. 맡길 필요가 없다기보다는 스스로 할 수 있다는 말씀을 드리는 거고요. 설령 맡긴다고 하더라도 제대로 부리려면 알아야 한다는 겁니다. 하지만 계속 말씀 나누다 보면 결국 맡기지 않고서도 충분히 할 수 있겠다는 자신감이 생기리라 생각합니다.

예비창업자 : 하하, 저도 꼭 그렇게 됐으면 좋겠네요.

❺ 용어가 낯선 것이지, 내용이 어려운 것이 아니다

예비창업자 : 책을 한권 사서 봤는데, 2, 3페이지를 보다 덮어버렸네요. 무슨 말인지 하나도 모르겠더라고요.

택스코디 : 용어의 낯섦 때문에 생기는 일시적인 현상입니다. 해결법은 반복해서 읽어서 그 낯선 용어들과 친해져야 합니다. 어느 순간 그 낯선 용어들이 눈에 들어오는 신기한 경험을 하게 될 것입니다. 단 세무뿐만이 아니라 처음 접하는 모든 공부의 시작은 용어의 낯섦을 제일 먼저 극복해야 합니다. 주로 많이 나오는 용어 하나만 체크해 볼까요?

매출, 매출액, 매출세액

부가가치세는 간단히 정리하면 '매출세액 - 매입세액'입니다. 그러면 매출세액은 뭘까요? 통닭 한 마리를 11,000원에 팔았다면 매출은 11,000원입니다. '매출 = 매출액 + 매출세액'(세법에 이렇게 정리해 놓았으니 외워두세요) 매출액의 10%가 매출세액입니다. 그럼 통닭 한 마리를 '매출 = 매출액 + 매출세액'으로 풀어보면 다음과 같습니다.

매 출	매출액	매출 세액
11,000	10,000	1,000

똑같은 방법으로, 매입 = 매입액 + 매입세액입니다. 통닭 한 마리 재료비가 5,500원이라고 가정하면, 매입은 5,500원입니다. 위와 같은 방식으로 풀어보면 매입은 아래와 같습니다.

매 입	매입액	매입 세액
5,500	5,000	500

'부가가치세 = 매출세액 - 매입세액'이므로 통닭 한 마리 팔았을 때 부가가치세는 *1,000원 - 500원 = 500원*

이 정도만 이해해도 부가가치세 셀프 신고는 충분히 가능합니다. 참고로 매출세액과 매입세액은 매출, 매입을 11로 나누면 됩니다.

〈 매출, 매출액, 매출세액 〉이 단어를 3번만 읽어보세요.

 택스코디의 한 줄 팁

부가가치세 = 매출세액 - 매입세액 ,   매출 = 매출액 + 매출세액
매입 = 매입액 + 매입세액

❻ 차종이 중요하지 구입 방식은 중요하지 않다

 예비창업자 : 이제 저도 곧 사업자등록증이 나옵니다. 사업자는 차를 리스 또는 렌트로 구매해야 비용처리 된다는 말을 들었습니다. 주위 많은 사람들이 그러는 데 이 말은 맞는 건가요?

 택스코디 : 일명 '하더라통신'을 믿지 마세요. 오픈을 앞두고 있거나, 혹은 예상치 못한 상황이 발생했을 때 주위 사람들에게 질문하죠. '어떻게 해야 하냐고?' 그럼 이게 맞는 것 같은데…… 이건 아닌 거 같은데…… 물어본 사람마다 이 다르고…… 심지어는 정반대의 답으로 혼란을 느꼈던 경험 다들 있으실 겁니다.

수많은 정보 속에 참·거짓을 걸러낼 수 있는 혜안을 키우셔야 합니다. 이 정보가 참일까? 거짓일까? (상대방이 진심 어린 조언을 하는 것이 중요한 게 아닙니다) 일단 '하더라'로 결말이 되는 답변은 그냥 패스하세요.

수많은 답변이 헷갈릴 때 제가 자주 쓰는 방법은 그 문제를 정확히 이해한 뒤에 결과를 예측하고 답을 주는 사람의 말을 신뢰합니다. 그런 사람이 시키는 대로 하면 실패의 확률이 적어집니다. 문제는 그러므로 혜안입니다.

차의 구매 방법에는 여러 가지가 있는데요. 사업자는 할부구매보다 리스나 렌트가 유리한가요?

정답은 아닙니다. 저는 할부, 리스, 렌트를 다 이용해 봤습니다. 모든 일이 그렇듯이 각자 다른 장단점이 공존합니다. 결론은 위 세 방식 모두 종합소득세 비용 처리가 가능하다는 겁니다. (단, 비용 처리는 사업과 연관성이 있는 경우를 말합니다).

'어떤 방식으로 차를 구매해야 할까?'를 고민할 때 '사업자니까 리스, 렌트'라는 등식은 절대 아닙니다. 경비 처리가 아니라 소유의 관점에서 보는 게 정답입니다. 할부는 본인 소유, 리스나 렌트는 본인 소유가 아닙니다. 쉽게 예를 들면, 할부로 차를 뽑으면, 건강보험료가 인상됩니다(내 재산이 늘어난 것이니까요). 하지만 리스나 렌트로 차를 구매하면 전과 똑같습니다(내 재산이 아니고, 캐피탈 렌트 회사 소유이기 때문이죠). 저마다의 장단점이 있습니다. 본인 상황에 따라 할부·리스·렌트를 적절히 잘 활용하시면 됩니다.

예비창업자 : 그러니까 사업과 연관성이 있는 경우엔 구매 방식에 상관없이 비용 처리가 된다는 것이군요. 소유의 관점에서 문제를 보라는 뜻이죠? 맞게 이해하였나요?

택스코디 : 맞습니다. 잘 이해하였으니 곧 차를 구매
하신다면 부가가치세 매입세액 공제가 가능한 차종
이 있으니 잠깐 보충 설명해 드릴께요.

　개인사업자가 사업과 관련해 경차, 9인승 이상의 승합차, 화물
차 등은 사업과 관련해 사용할 목적으로 구매하거나 임차한 경
우, 자동차 수리비와 기름값 등을 지출 비용의 경우에 부담하는
매입세액은 공제받을 수 있다는 것입니다.

　단, 위에 해당하는 차종이더라도 구매한 후 개인적으로 사용하
거나 배우자와 자녀 등의 편의를 위해 주로 가정에서 사용한다
면 공제받았던 매입 부가가치세를 추징당할 수 있습니다.

　그래서 업무용 차량 비용 인정 기준을 마련해 두었습니다. 이
에 따라 차량 관련 비용이 연간 1,000만 원 이하인 경우 운행 기
록을 작성하지 않아도 전액 비용으로 인정받을 수 있습니다.

 예비창업자 : 　알면 알수록 신기하네요. 어차피 차를
구입할거라면 부가세 매입공제가 가능한 차종 중에
선택을 해야겠네요. 좀더 얘기해 보고 싶네요.

 택스코디 : 그렇죠. 좀 더 알아보셔야죠. 세무 상식을
알면 알수록 돈은 절약됩니다.

❼ 블로그를 통한 판매라도 사업자등록을 해야 하는 경우

예비창업자 : 블로그를 통해 이따금 물건을 팔고 있습니다. 주위 사람들이 사업자등록을 하지 않고 물건을 파는 건 위법이라는데……

▌블로그에서 어쩌다 한 번씩 판매를 하는 데도 사업자등록을 해야 하나요?

택스코디 : 어쩌다 한 번이라는 말이 상당히 주관적인 말인데요. 아래글을 읽고 다시 얘기 나눠 볼까요? 이제는 전자상거래가 일반화되면서 인터넷을 통해 부업으로 상품을 팔아보고자 하는 사람들이 점점 늘어나고 있습니다. 오픈마켓, 블로그 등을 통해 작은 규모로 시작하는 경우가 주위에 제법 존재합니다. 수입도 얼마 되지 않고, 잠깐 하다 말지도 모르는데 사업자등록을 꼭 해야 할까요?

단순하게 일회성으로 물건을 판매하는 경우는 꼭 사업자등록을 하지 않아도 됩니다. 예를 들어, 제가 쓰던 노트북을 중고 사이트에 판매하였다고 사업자등록을 반드시 해야 하는 것은 아닙니다.

만약, 온라인 쇼핑몰을 운영한다면 그것은 위 예시처럼 일회성의 판매가 아니고, 반복적으로 물건을 판매한다는 것을 의미하므로 사업자등록을 해야 합니다. 폐기된 규정이지만 6개월 동안 거래 횟수가 10회 이상이거나 거래 규모가 600만 원 이상인 경우는 반복적으로 판매행위를 한다고 보아 사업자등록 대상으로 과거엔 분류하였습니다.

아직 창업 전이라면 위 기준대로 한번 고민해보면 좋을 듯하네요. 그리고, 6개월 내의 거래 횟수가 20회 미만이거나 거래 규모가 1,200만 원 미만인 경우에는 통신판매 신고 의무가 면제 됩니다.

예비창업자 : 위 기준에 따라서 사업자등록을 내야 하는데 사업자등록을 하지 않은 경우 불이익은 어떻게 되나요?

택스코디 : 미등록사업자의 불이익은 당연히 있습니다. 사업자 미등록 가산세는 사업개시일로부터 사업자등록 직전일까지 공급가액 합계액의 1%가 부과됩니다. 그리고 기간 동안 부가세신고, 종합소득세 신고 등을 하여야 하며, 당연히 납부불성실가산세, 신고불성실가산세 또한 부과됩니다. 개인사업자 등록은 사업을 개시한 날로부터 20일 이내에 구비서류를 갖추어 관할세무서 민원봉사실이나 홈택스

에서도 신청이 가능합니다.

 예비창업자 : 나름 기준이 정해지네요. 사업자등록을 내고 좀 더 공격적으로 팔아볼까 합니다. 다른 도움 될 만한 내용은 없나요?

 택스코디 : 사업이라는 것이 계획대로만 되면 참 좋을 텐데, 그렇지 못한 것이 또한 현실이니 저 같으면 일단 간이과세로 사업자등록을 내겠습니다.

간이과세가 일반과세보다 부가세 부담이 적은 건 설명해 드렸고, 간이과세 부가세 계산방식에 대해 좀 더 설명해 드리겠습니다.

간이과세자 부가가치세 신고 간단 정리

1년간 매출액이 4,800만 원 미만인 간이과세자의 부가가치세 계산법은 다음과 같습니다.

부가가치세 = 매출세액 – 공제세액
매출세액 = 매출액 × 업종별 부가가치율 × 10%
공제세액 = 세금계산서에 기재된 매입세액 × 업종별 부가가치율

업종별 부가가치율은 5~30%로 업종별로 다릅니다. 신용카드, 직불카드, 기명식 선불카드, 현금영수증 발행 금액에 대하여 1.3%를 추가로 공제받을 수 있으므로(음식점업은 총 2.6% 공제됩니다) 일반과세자와 비교해서 상대적으로 부가가치세 부담이 적습니다. 간이과세자라면 꼭 알아두세요. 간이과세자는 부가가치세를 환급받을 수 없습니다. 그리고 과세기간에 매출이 3,000만 원에 미달할 때는 세액 납부의무가 면제됩니다.

 예비창업자 : 간이과세로 시작하면 연 매출이 3,000만 원이 되지 않으면 부가가치세를 납부할 필요가 없다는 건가요?

 택스코디 : 네. 맞습니다. 처음 시작하는 사업이라면 간이과세로 시작하는걸 추천해 드립니다. 간이과세는 일반과세보다 세 부담이 적으니 매입하는 방법도 일반과세와는 다릅니다. 좀 전에 설명해 드렸으니 기억나시죠?

❽ 세무대리인의 고용 여부와 세무조사는 별개의 문제

 예비창업자 : 주위 자영업을 하는 지인들이 '세무대리인을 써야 세무조사가 나오지 않는다'고 하네요. 과연 그런 건가요?

 택스코디 : **결론부터 말씀드릴게요.** 영세자영업자는 세무조사가 나오지 않습니다. 2017년 통계 기준으로 대한민국 자영업자의 수가 5,874,671명인데, 그들 중 세무조사를 받았던 경우는 4,911건이라고 합니다. 약 0.08%의 자영업자분들만 세무조사를 받았지요.

 예비창업자 : 0.08%의 자영업자라도 세무조사를 받은 건 받은 거잖아요. 그들은 어떠한 이유로 받은 건가요? 세무대리인을 쓰지 않아서 그런 거 아닌가요?

 택스코디 : 세금을 계산하는 공식은 세무대리인이 하나 사장님 본인이 직접 신고하나 동일합니다. 예를 들어 '부가가치세=매출세액-매입세액'입니다. 생각보다 간단하죠. 공식이 어렵고 복잡하다면 모를까 이렇게 간단한 공식인데 왜 세무대리인을 써야 하나요? 더더욱 직접 신고

한다고 세무조사가 나온다는 말은 맞지 않는 얘기입니다. 그럼 0.08%의 자영업자가 왜 세무조사가 나왔는지는 좀 더 자세히 설명해 드릴게요.

첫 번째가 '드러난 매출의 축소신고' 입니다. 좀 쉽게 설명해 드릴게요. 매출을 드러난 매출과 숨겨진 매출 두 가지로 나누어 보겠습니다. 드러난 매출은 상대가 신용카드로 비용을 지불한 경우, 현금으로 지불하고 현금영수증이나 세금계산서를 발급받았다면 이 매출은 드러난 매출로 국세청과 연동이 됩니다.

숨겨진 매출은 상대가 현금을 지불하고 어떠한 증빙도 요구하지 않은 경우를 말합니다. 숨겨진 매출은 국세청에서 어떻게 알 방법이 없으나 드러난 매출은 다 알고 있기에 이를 축소해서 신고하면 세무조사가 나옵니다.

두 번째가 '불공제 매입의 매입세액공제' 입니다. 이 역시 말이 좀 어렵지요. 우선 '적격증빙'이란 말을 이해하셔야 합니다. 최대한 쉽게 설명해 드릴게요. '적격증빙'이라 함은 사업과 관련한 지출을 아래 유형으로 처리했을 때를 일컫습니다.

'세금계산서, 계산서, 신용카드, 체크카드, 현금영수증'

단, 주의할 점이 있습니다. 일반영수증이나 거래명세서, 간이영수증 등은 부가세신고 때 공제되지 않으므로 반드시 매입 때는 거래상대방에게 적격증빙을 발급해 달라고 요구하는 것이 중요합니다.

두 가지가 동시에 충족되어야 합니다. 사업과 관련되어야 하고 유형도 일치해야 부가가치세 신고 때 매입세액 공제가 가능합니다. 이 중 하나라도 충족되지 않으면 비적격 증빙 또는 불공제매입이라 일컫습니다. 이럴 경우는 매입세액 공제를 받을 수가 없는데 만약 매입세액공제를 받았다면 세무조사가 나옵니다. 세무조사를 받은 0.08%의 자영업자들은 이 두 가지 중 하나를 잘못했을 경우입니다.

 예비창업자 : 그럼 두 가지만 조심하면 세무조사가 나오지 않는 건가요?

 택스코디 : 네. 자신 있게 말씀드립니다. 세무대리인을 쓰지 않아도 세무조사는 나오지 않습니다.

 택스코디의 한 줄 팁

세무대리인의 고용 여부와 세무조사는 아무런 상관관계가 없습니다. 셀프신고를 한다 해서 세무조사가 나올 확률이 높아지는 것도 아닙니다.

❾ 개인사업자의 세금신고, 어렵지 않다

 예비창업자 : 택스코디님의 얘기를 듣고 나니 '나도 배워볼까?'라는 생각이 듭니다. 무엇부터 공부하면 될까요?

 택스코디 : 자영업자의 세금은 크게 두 가지로 나뉩니다. 첫 번째가 부가가치세, 두 번째가 종합소득세입니다. 줄여서 부가세, 종소세라 부르기도 하는데 간단하게 정리 한번 해드릴게요.

1월에서 6월까지 매출이 1,100만 원이면 이 중에 매출세액(매출의 1/11)이 100만 원입니다. 재료 등 매입이 330만 원이라면 이 중 매입세액(매입의 1/11)은 30만 원입니다. 부가가치세(1년에 2회 신고)는 '매출세액 - 매입세액(100 - 30 = 70만 원)'이므로 70만 원입니다. 7월~12월도 같은 상황이면 납부할 부가가치세는 또 70만 원입니다.

종합소득세는 간단히 '수입 - 경비'로 생각하세요. 작년분을 올해 5월에 신고합니다. 수입은 총매출액으로, 2,200만 원에서 매출세액 200만 원을 뺀 2,000만 원입니다. 경비는 총매입액으로 660만 원에서 매입세액 60만 원을 뺀 600만 원입니다.

결국, 소득은 2,000만 원 - 600만 원 = 1,400만 원이 됩니다. 여기서 인건비가 1,000만 원이라면 경비 처리하여 400만 원이 실소득이 됩니다. 여기에 소득공제 후 세율(6~42% 금액별 차등 적용)을 곱하면 종합소득세가 책정됩니다.

이렇게 종합소득세가 책정되면 국민연금, 건강보험에 소득이 반영되어 덩달아 인상됩니다. 간단히 정리해 보았는데, 어느 정도 이해가 되나요?

 예비창업자 : 정확히는 모르지만 자영업자 세금은 부가세, 종소세가 있다라는 것 정도는 알 것 같습니다.

 택스코디 : 네. 그게 다입니다. 부가세든 종소세든 각자의 공식대로 계산한 후 신고하고 내면 되는 것입니다. 좀 더 쉬운 이해를 위해서 제가 절세달력이란 것을 만들어 보았습니다.

절세달력

구 분	내 용
1월	25일 : 2기 부가가치세 확정신고·납부
2월	10일 : 면세사업자의 사업장 현황신고
4월	25일 : 1기 부가가치세 예정신고·납부
5월	31일 : 종합소득세 신고·납부
6월	30일 : 성실신고확인대상 종합소득세 신고·납부
7월	25일 : 1기 부가가치세 확정신고·납부
10월	25일 : 2기 부가가치세 예정신고·납부
11월	30일 : 종합소득세 예정고지 납부

 예비창업자 : 이렇게 달력으로 보니 훨씬 이해가 편합니다.

❿ 부가가치세 신고, 이것만 신경써라

택스코디 : 부가가치세를 산출하는 공식은 매우 간단합니다. '부가가치세 = 매출세액 -매입세액' 이제 이 공식은 외웠으리라 생각합니다. 매출세액과 매입세액에 관한 용어도 충분히 이해했다면 이제 매입의 항목에 대해서 설명해 드릴게요.

부가가치세 신고 시 매출은 드러나므로 크게 신경 쓰지 않아도 됩니다. 그러나, 매입 자료는 최대한 확보해야 합니다. 매입 자료 가능한 리스트는 다음과 같습니다.

구 분	체크리스트
재료비	식당이라면 식자재 구매, 미용실이라면 재료 구매 등
월 세	건물주가 간이과세자라면 종합소득세 비용 처리만 가능
공과금	전기, 가스, 인터넷, 휴대전화, 일반전화, 보안업체, 정수기

공과금 중에서 사업자 명의로 전환하지 않은 것들이 있다면 하루라도 빨리 전환해서 세금계산서를 받으세요. 매입 자료 확보로 부가가치세는 줄일 수 있습니다.

크게 정리하면 부가가치세 매입세액 공제를 받을 수 있는 건 이것이 전부입니다. 인건비는 부가세와는 상관없습니다만, 직원

등록을 하면 종합소득세 비용 처리는 가능합니다.

 예비창업자 : 생각 외로 별거 없네요. 매입세액이 많아야 부가세를 적게 내는 건데, 매입처리 할 수 있는 항목이 생각 외로 적네요.

 택스코디 : 네. 부가세는 반드시 적격증빙이 되어야 매입세액 공제가 가능하고, 그 항목 또한 적기에 평소에 매입 장부를 통해서 매입을 꼼꼼히 기록하는 것이 매우 중요합니다.

 예비창업자 : 임대료 체크리스트에서 건물주가 간이과세라면 종합소득세만 비용 처리가 가능하다고 했는데, 부가세 매입세액 공제는 되지 않는 건가요?

 택스코디 : 간이사업자는 세금계산서를 발행할 수 없습니다. 그러기에 건물주가 간이과세이면 부가세 매입세액 공제를 받을 수 없습니다. 좀 더 쉽게 예를 들어 설명해 드릴게요.

예를 들어 월세 100만 원에 부가세 10만 원, 총 110만 원을 준 경우, 세금계산서를 받으면 부가세 10만 원과 소득세 6만 원 (소득세율을 6%라 가정하면)만큼 총 16만 원이 공제됩니다.

세금계산서를 받지 못하면 부가세 공제는 없고 소득세 6만6천
원(110만원×소득세율 6%라 가정)이 공제되는 거지요.

쉽게 정리하면 건물주가 간이과세일 경우, 부가세 매입세액 공
제는 되지 않고, 종합소득세 비용 처리만 가능합니다. 증빙은 '임
대차계약서, 건물주 명의 통장으로 임대료 이체내역'입니다. 결
국 세금계산서를 받는 것이 유리하지만, 건물주가 간이과세자라
면 세금계산서 발급 자체가 안됩니다.

예비창업자 : 예를 들어 주시니 훨씬 쉽게 이해가 됩니
다. 건물주의 사업자 유형도 임대차계약 전에 체크해
볼 필요가 있겠네요. 가령 집주소지로 사업자등록이
되어있으면 공과금을 나누기가 좀 애매할 듯한데요?

택스코디 : 기본적으로 사업장의 공과금 (전기·통신비
등)은 매입세액공제 대상입니다. 통신판매를 처음
시작하는 사장님들 대다수가 집 주소로 시작을 하
는 경우가 많은데요. 이런 경우라면 전기세 공제는 힘들고 인터
넷 사용료, 사장님 본인 명의 휴대폰은 매입세액공제가 가능합
니다. 사업장이 집인 경우에는 전기요금은 매입 불공제랍니다.

⓫ 일반과세로 전환, 부가가치세 신고 어렵지 않다

 예비창업자 : 이제 사업의 시작은 무조건 간이가 유리한 것은 알겠는데, 간이과세를 유지할 수 있는 방법이 따로 있나요?

 택스코디 : 간이과세자가 연 매출 4,800만 원이 넘어가면 자동으로 일반과세로 다음 해 7월 1일자로 전환됩니다.

 예비창업자 : 그럼 오픈 시기를 잘 조정하면 되겠네요.

 택스코디 : 무슨 말이죠?

 예비창업자 : 연 매출 4,800만 원이란 규정이 있으면 오픈 시기를 11월이나 12월로 하는 것이 유리할 듯해서요. 1월이나 2월에 오픈하면 무조건 4,800만 원이 넘을 듯해서요.

 택스코디 : 대단히 잘못된 이해입니다. 연 매출 4,800만 원을 다른 표기로 하면 월 매출 400만 원입니다.

그러니 11월 오픈했다면 800만 원이 넘어가면 일반과세로 전환되는 것입니다. 이미 신용카드의 활성화로 매출은 거의 투명하게 드러나고 있으니 매출을 줄인다는 건 힘들지 않나 싶네요. 일반과세 전환에 대하여 좀 더 자세히 알아볼게요.

올해 일반과세로 전환통지서를 받으신 분들은 올해 7월 25일까지 부가가치세를 신고·납부해야 합니다. *주의할 점은 7월 부가가치세 신고 때는 간이로 신고하면 되고, 내년 1월 부가가치세 신고는 일반과세자로 신고·납부하면 된다는 것입니다.* 그러니 7월 매입부터는 꼼꼼히 신경 써야겠죠? 일반과세 전환 사장님들은 반드시 짚고 넘어가셔야 합니다.

7월은 일반과세 부가가치세 신고하고 내는 달입니다(물론 일반과세 전환 통지받은 사장님들도 해당합니다). 아시다시피 부가가치세는 드러난 매출·매입만으로 신고하므로 제아무리 재능이 뛰어난 세무대리인들도 어떻게 해줄 도리가 없습니다.

드러나지 않는 매출은 손님들한테 현금 결제를 유도하는 방법이 유일하기에 별다른 묘수가 없다는 이야기가 됩니다. 매출은 전부 드러난다고 생각하시면 됩니다. 결국, 부가가치세 납부금액을 줄이는 최고의 방법은 매입 자료를 최대한 확보하는 것입니다(앞서 언급했던 공과금, 월세, 재료비 등등).

부가가치세는 무척이나 간단해서 어느 정도 미리 계산할 수 있습니다. 지금이 6월 말이라면 1월부터 현재까지 매출과 매입을 집계하면, 대략 큰 그림은 그려집니다. 당연히 매입 자료가 부족하다고 느낄 겁니다. 매입 자료가 빠진 건 없는지 처음부터 점검해야 합니다.

7월부로 일반과세 전환통지를 받으면 7월 신고는 간이과세자로 하기에 세금부담은 적을 것입니다(간이과세자, 일반과세자 계산 방식이 크게 달랐죠). 그러나, 7월부터는 무조건 매입 자료 받아야 합니다. 간이과세자일 땐 자료 없이 10% 싸게 사는 게 득이지만, 일반과세자일 땐 줄 돈 주고 무조건 매입세금계산서 받아야 합니다.

 예비창업자 : 일반과세로 전환되면 7월 25일 부가세신고는 간이방식으로 하고 다음해 1월 25일 부가세신고는 일반으로 하면 된다는 얘기 맞나요?

 택스코디 : 네. 맞습니다. 일반과세로 전환되면 매입 자료는 필수입니다. 간이과세와는 반대로 현금을 주고 자료 없이 싸게가 아니라, 매입 자료를 더 달라고 흥정하셔야 합니다.

⑫ 개인사업자의 비용처리는 사업 연관성이 중요하다

 예비창업자 : 저의 식대비는 당연히 부가세 매입세액
공제가 가능하죠?

 택스코디 : 아닙니다. 직원의 식비만 매입세액 공제
가 가능합니다. 직원의 식비라도 증빙(신용카드나 현
금영수증)을 확보해야 합니다.(원칙은 회식 시 사장님 본
인 금액은 제외됩니다.) 당연히 등록한 직원이 존재해야 합니다. 한
가지 주의할 점은 회식하는 식당 또는 술집이 간이과세 사업장
이라면 인정이 안 된다는 겁니다. 개인사업자가 경비로 인정받
을 수 있는 항목들에 대해 설명해 드릴게요.

대표적인 필요 경비로 인정되는 비용

1. 수입금액을 얻기 위해 직접 쓰인 원료나 급료, 수선비 등

2. 사업과 관련한 각종 보험료(본인의 인건비와 건강보험료는 인
   정되지 않는다)

3. 이자 비용(개인에게 자금을 융통한 경우는 소정의 세액을 원천징
   수하여 신고, 납부해야 가능)

4. 감가상각비 또는 충당금 설정 금액

대표적으로 필요 경비로 인정되지 않는 비용

1. 가사 관련 지출 경비

2. 소득세, 벌금, 과태료, 세법에 의한 가산금과 체납 처분
   비 등

3. 사업과 관련이 없다고 인정되는 금액

예비창업자 : 중요한 건 사업과의 연관성이군요. 일단 사업주 본인의 비용은 무조건 제외고요.

직원들과 단합을 위해 1박 2일 워크숍을 갔다면 어떻게 증명할 수 있나요?

택스코디 : 직원들과의 단합을 위해 펜션으로 워크숍을 갔을 경우에는 직원들과 단체 사진 정도는 찍어두고, 당연히 경비를 제출한 펜션을 배경으로 찍어야겠지요. 날짜가 나와 있는 현수막을 배경으로 하면 가장 좋겠네요. 이것은 나중에 개인적인 지출이 아니라 업무와 관련해서 지출한 비용임을 입증하는 자료로 남기기 위함입니다.

그리고, 업무상 출장이 잦은 사업인 경우에는 출장여비정산 서라는 장부를 하나 더 만드는 것을 추천해 드립니다. 단순히 숙소 영수증과 식대 영수증만 있다면 업무와 관련해서 비용을 지출한 것인지, 개인적으로 놀러 가서 지출한 것인지 구분할 방법이 없기 때문입니다.

예비창업자 : 무조건 기록으로 남겨놓아라. 이렇게 해석하면 되는 건가요? 궁금증이 생겼는데 세무서에서는 어떠한 기준으로 개인적인 지출인지, 아닌지를 구별하나요?

택스코디 : 세무서에서도 기준을 마련해 두었습니다. 설명하면 다음과 같아요.

1. 경비를 사용한 일자를 확인합니다. 토요일이나 일요일 같은 휴일에 지출한 내용이면, 개인적인 지출일 가능성이 높다고 판단합니다.

2. 지출처를 확인합니다. 업종과 관련 없는 지출처이면서 생활에 밀접한 지출처이면 개인적인 지출일 가능성이 높다고 판단합니다. (예를 들면, 백화점, 병원, 약국, 학원, 등에서의 지출)

3. 계정과목별로 확인합니다. 특히 복리후생비나 접대비 등을 확인해보면 개인적인 지출이 눈에 띄게 됩니다.

⑬ 사업용 계좌, 사업자 카드는 만들지 않아도 된다

 예비창업자 : 사업용 계좌는 가까운 은행에서 발급하
면 되나요?

 택스코디 : 사업용 계좌제도란 사업과 관련하여 거래
대금을 금융기관을 통하여 지급하거나 지급받을 때
사업용과 비사업용으로 분리하여 사업 관련 금융거
래는 신고된 사업용 계좌를 사용하는 제도입니다.

사업용 계좌 신고대상 사업자는 개인사업자 중 복식부기 의무
자, 전문직 사업자(변호사업, 변리사업, 법무사업, 세무사업, 공인회계사
업, 건축사업, 수의사업 등)가 해당합니다.

사업용 계좌 신고기한은 복식부기 의무자는 복식부기 의무자
에 해당하는 과세기간의 개시일부터 5개월 이내이고, 사업개시
와 동시에 복식부기 의무자에 해당하는 전문자격사 등의 경우에
는 다음 과세기간 개시일부터 5개월 이내입니다.

사업용 계좌 미사용 미개설 가산세는 사업용 계좌를 사용하지
않은 경우 - 사용하지 아니한 금액의 2/1,000, 사업용 계좌를 개
설, 신고하지 않은 경우 - 신고하지 아니한 기간의 수입금액의
2/1,000입니다. 사업용 계좌 신고 방법은 서면신고, 홈택스신고
(신청·제출란의 사업용 계좌 개설 관리)도 가능합니다.

예비창업자 : 요약하면 복식부기 의무자가 아니라면 사업용 계좌를 쓰지 않아도 된다는 말인가요?

 택스코디 : 네. 그렇습니다. 그리고 사업자 카드에 관해서도 설명해 드릴게요. 세법상 사업자 카드는 없습니다. 카드 회사들이 마케팅 차원에서 만든 용어일 뿐입니다. 사업자 명의의 모든 카드는 사업자 카드가 될 수도, 안 될 수도 있습니다. 사업용으로 지출한 비용은 무슨 카드이든 공제대상이 되는 것이고, 사업용이 아니라면 사업자 카드라도 공제되지 않습니다.

국세청 홈택스에 가면 사업자의 카드를 등록할 수 있습니다. 이는 사업용으로 사용하겠다는 의사표시일 뿐입니다. 등록했다고 무조건 공제가 되는 것도 아니고, 등록을 안 했다고 공제가 안 되는 것도 아닙니다. 핵심은 사업용으로 사용했는지 아닌지가 중요합니다. 간단한 예로 운동선수가 사 먹는 보약은 비용처리가 되지만, 일반 음식점 사장님이 먹는 보약은 비용처리가 되지 않습니다.

 예비창업자 : 새로운 사실을 알았네요. 전 사업자등록이 나오자마자 사업용 계좌를 만들고 사업자 카드부터 발급받으려 했습니다.

택스코디 : 흔히들 사업을 시작하자마자, 사업자 카드를 만들고 사업자 통장을 개설하는데, 해서 나쁠 건 없지만 우선순위는 이게 아니랍니다. 창업 전 세무 공부를 통한 올바른 매입 방법을 먼저 배우는 게 우선일 듯 합니다.

택스코디의 한 줄 팁

창업 전 사업자 유형을 먼저 정하시는 것이 좋습니다. 그에 따라 매입 방법이 달라집니다. 사업자 유형에 따른 올바른 매입! 그것이 바로 절세의 지름길입니다.

⑭ 매입 장부를 기록하는 것이 절세의 시작이다

 예비창업자 : 과세 유형에 따른 매입 방식이 다른 건
이해가 되었는데, 매입 장부는 또 무엇인가요?

 택스코디 : 매입이란 무엇일까요? 판매하기 위한 상
품이나 제품 등에 필요한 원재료나 저장품 등을 구
매하는 것을 일컫습니다. 그럼 매입 장부는 무엇일
까요? 원재료나 저장품 등을 어디에서, 언제 매입했는지 기재하
여 관리할 수 있는 서식을 말합니다. 매일 발생하는 내용을 차례
로 입력해 전체적인 매입 내용을 확인할 수 있으며 월 합계를 파
악할 수 있습니다. 어렵게 생각하지 마세요. 사업용 가계부를 작
성한다 생각하시면 됩니다.

 예비창업자 : 네. 장부 양식 같은 것이 있으면 훨씬 이
해가 빠르겠네요.

 택스코디 : 매입 장부를 작성하는 요령이 있다면, 장
부를 매입처별로 작성하는 것이 매입 내용을 파악하
는 데 도움이 됩니다. 공급가액에 세금이 별도인지
포함인지 구분하여 작성해야 신고할 때 편합니다. 날짜순으로

작성하면 집계가 쉽고, 나중에 파악하기 좋습니다. 특별히 기재해야 할 내용이 있다면 비고란을 활용하는 게 좋습니다.

　고정된 거래처에서 매입이 빈번할 때는 그 거래처만의 매입 장부를 만드는 것이 더욱 효율적입니다. A 마트를 고정 거래처로 하는 매입 장부를 만들어 보겠습니다.

날 짜	품 목	과 세	비과세	비고
1/10	각종 양념 및 음료	220,000		○○카드
1/11	부식 및 기타	110,000		
1/12	과일 및 야채류	·	100,000	
·	·	·	·	
·	·	·	·	
계		1,100,000	800,000	

이런 식의 거래처별 매입 장부를 관리하는 것도 효율적입니다. 항상 말일이나 마감하는 날은 합계 금액을 산출해 놓으면 나중 부가세 신고 때 아주 편리합니다.

　위 예시로 계산해보면 1월 과세 부분의 총매입은 1,100,000원, 이 금액에 나누기 11을 하면 매입세액이므로 매입세액은 100,000원입니다. 1월 비과세 의제매입세액 공제 9/109로 적용하면 66,000원입니다. 습관이 중요합니다. 이런 식의 매입 장부를 기록하는 습관은 신고를 편리하게 도와줄 뿐만 아니라 절세의 지름길이 되기도 합니다.

예비창업자 : 엑셀로 양식을 만들어도 되겠네요?

택스코디 : 물론입니다. 기록을 잘해놓는 것이 중요하지 어떤 서식지에 쓰는가는 중요하지 않습니다.

예비창업자 : 그리고 '의제매입세액 공제'란 처음 보는 용어가 등장했는데요. 설명 좀 부탁드립니다.

택스코디 : 의제매입세액 공제란 제조업을 운영하는 사업자가 부가가치세를 면제받아 공급받은 농·수·축·임산물을 원재료로 제조 또는 가공한 물품을 판매하는 경우에는 그 면제되는 물품의 가액에 업종별, 종류별로 재무부령이 정하는 일정률을 곱해서 계산한 금액을 매입세액으로 공제할 수 있는데, 이러한 제도를 의제매입세액 공제라 합니다(부가가치세시행령 제62조 1항).

쉽게 풀이하면 음식업자가 면세사업자로부터 구매하는 농산물 구매가액 중 일정 비율을 매입세액으로 인정해 부가가치세를 돌려주는 제도입니다.

음식점, 카페, 디저트샵 등을 운영하는 사업자분들에게는 부가가치세가 항상 부담입니다. 따라서 과세관청에서는 면세인 농산물, 축산물, 수산물 등을 매입해 가공하고 과세로 판매하는 사업자에 대해서 의제매입세액 공제라는 제도를 둬 면세계산서 매입에서도 일정률(음식점의 경우)을 부가가치세로 공제해 주도록 하고 있습니다.

음식점이나 카페 관련 사업하는 분들은 반드시 면세계산서를 잘 수취해서 부가가치세 의제매입세액 공제를 잘 챙겨 받으시기 바랍니다. 간이과세자의 경우 의제매입 한도는 없으나 의제매입세액이 납부세액을 초과할 때에는 그 초과하는 부분은 없는 것으로 간주합니다.

사례를 하나 들어드리면 업종은 음식, 종목은 한식을 운영하는 음식점이 있습니다. 1분기(1월~6월)에 농산물을 3,240만 원어치 구매하고 면세계산서를 받았다면 의제매입세액은

3,240만 원 × (음식점 공제율) = 267만 원

267만 원만큼 매입세액 공제를 받을 수 있습니다.

2018년 세법 개정 후 음식점 의제매입세액 공제율은 매출 규모에 따라 9/109로 인상됐습니다. 간이과세 사업자의 의제매입세액 공제는 음식점업만 공제 가능합니다.

음식점을 운영하는 간이과세자의 경우에는 과세표준의 5%에 해당되는 매입금액에 대하여는 비사업자인 농어민이나 개인으로부터 직접 공급받은 면세농산물 등의 가액에 대하여 *의제매입세액 공제*를 받을 수 있습니다. 의제매입세액 공제신고서를 제출하면 되는 것으로 면세농산물 등을 공급한 농어민의 성명, 주민등록번호, 건수, 품명, 수량, 매입가액을 기재하여 제출하시면 됩니다.

예비창업자 : 부가세신고 시 과세품이 아닌 면세제품에 대한 공제를 얘기하는 것 맞나요?

택스코디 : 네. 맞습니다. 의제매입세액은 공제한도가 존재하는데 이것도 부연 설명 드릴게요.

음식점 기준 대표적인 면세품 항목입니다. 농·축·수산물과 임산물, 미가공 식료품(소금, 젓갈류, 단무지 등)이 품목들은 면세품으로 계산서를 받는데, 부가가치세 신고 시 의제매입세액으로 공제를 받습니다.

날 짜	공제율	비 고
4억 이하	9/109	
4억 초과	8/108	

예를 들면, 음식점을 하는 김 사장님이 1년 매출이 4억 원이 안 될 경우, 돼지고기를 5,000만 원 매입하고 계산서를 받았다면 약 413만 원(5,000만 원×9/109) 정도 의제매입세액 공제를 받을 수 있습니다.

의제매입세액 공제 한도(개인사업자 기준)

연 매출	공제 한도(과세표준의)	비 고
2억 이하	60%	
2억 초과 ~ 4억 이하	55%	
4억 초과	45%	

예를 들어, 연 매출이 8,000만 원인 음식점에서 면세 식자재를 6,000만 원 구매하였다면 의제매입세액이 적용될 수 있는 한도는 6,000만 원 전체가 아니고, 8,000만 원×60% = 4,800만 원이 됩니다.

💡**택스코디의 한 줄 팁**

창업 면세사업자로 부터 매입하여 과세상품으로 판매되었다면 의제매입세액공제를 받아야합니다. 이때 증빙의 형태는 면세사업자로 부터 받은 계산서입니다.

⑮ 최고의 절세는 좋은 습관을 쌓는 것이다

 예비창업자 : 절세비법 같은 것이 존재한다면, 좀 가르쳐 주세요.

 택스코디 : 절세비법은 존재하지 않습니다. 절세는 세무대리인이 해주는 것이 아니고, 본인 스스로가 할 때 비로소 가능합니다. 가령 세무대리인이 세금을 계산할 때와 본인이 직접 계산했을 때 계산 방법이 다르다면 모르겠지만, 아시다시피 '부가가치세 = 매출세액 – 매입세액' 이게 전부입니다.

똑같은 공식으로 계산하는데 본인이 하는 게 실수가 적을까요? 아니면 남이 대신하는 게 실수가 적을까요? 실수뿐만 아니라 누락분을 챙기는 등 하나라도 더 신경 쓰겠지요? 답은 무척 명확합니다. 여전히 세무라는 단어에 어려움을 느끼는 분들을 많이 만나곤 하는데, 이 책을 읽고 난 뒤 언제나 결론은 '세무 그까짓 거, 해 볼 만하네'로 마무리되기를 소원합니다.

흔히 말하는 절세란 올바른 매입을 통한 기록과 각종 공제의 활용 그리고 정부 지원 활용, 이 두 가지로 요약됩니다. 다른 방법은 없습니다. 좋은 습관들이 쌓이면 그게 절세로 연결되는 거지요. 좋은 습관을 몇 가지 소개해 드릴게요.

좋은 습관 하나, 앞으로는 물건을 매입할 때 "얼마에요?"라는 질문보다는 "부가가치세 포함 가격인가요?"로 고급스럽게 질문합니다.

'매입 = 매입액 + 매입세액'

이 공식을 잘 기억해두세요.

미용실이 있습니다. 염색약을 구매할 때 재료상에 '부가가치세 포함 가격인가요?'라고 물어보세요. 재료상이 "부가가치세 포함 11,000원입니다"라고 하면(11,000 = 10,000 + 1,000), 사장님이 일반과세자라면 11,000원을 주고 구매하고, 매입세금계산서를 받으면 끝.

만약 간이과세자라면 매입세액을 주지 말고 10,000원에 구매하는 게 득이 됩니다.(보통 '자료 없이 싸게'라는 표현을 쓰기도 합니다.)

좋은 습관 둘, 매입이 이루어진 즉시 매입 장부에 기록합니다.

습관적으로 하루를 마감할 때 '오늘 매출이 얼마지?' 하고 포스기 집계를 하시죠? 원하는 목표를 달성했으면 그날 하루는 만족합니다.

대부분의 사장님이 매출 집계는 잘합니다. 누가 시키지 않아도 말이죠. 반대로 매입 집계를 하는 사장님은 드뭅니다. 사업 규모가 작으면 작을수록 더더욱 하지 않습니다.

아무리 강조해도 지나치지 않는 매입은 사업 규모가 커지면 커질수록 더욱 중요해집니다. 한마디로 '어떻게 살까?'가 관건입니다.

세무적인 관점에서는 매출은 특별히 따로 집계하지 않아도 됩니다. 포스기만 봐도 기간 설정해서 일 매출, 월 매출, 연 매출이 간단히 집계되니까요. 또 나라에서도 매출만 투명하게 만들어 놓으면 그만입니다. 매입도 따라서 저절로 투명해지니까요(단, 매입은 납세자 본인이 챙겨야 합니다). 부가세를 혼자 힘으로 신고해보신 사장님들은 다소 이해가 갈 것입니다.

매입이 뒤죽박죽 섞여 있으니, 평소에 기록만이라도 해두었으면 편했을 텐데 하는 생각 다들 해보셨지요? 꼭 매입 관련 프로그램을 쓰지 않아도 됩니다.

사장님이 알아보기 편하게 기록, 정리하는 것이므로, 만약 제가 식당을 운영한다면 매입 장부는 2개를 만들어 기록할 것입니다. 과세 장부, 비과세 장부(계산서를 받는) 이렇게요. 원칙은 매입 거래처별로 장부를 만들어 두는 것입니다.

식당은 타업종과 비교해서 매입이 빈번합니다. 신선식품을 취급하는 관계로 오랫동안 보관하지 못하니까 매입이 빈번할수록 그만큼 실수도 잦으니 꼭 매입이 이루어지는 즉시 기록해야 합니다.

좋은 습관 셋, 증빙을 잘 챙깁니다.

증빙을 잘 챙긴다는 건 어떤 의미일까요? 과거에는 영수증을 일일이 챙기거나 세금계산서를 발급받는 등 과정이 귀찮고 복잡했지만 요즘 같은 스마트 시대에는 아래 몇 가지만 기억하면 쉽고 간단히 증빙 서류를 챙길 수 있습니다.

첫째, 신용카드는 사업자 본인 명의 신용카드를 사용한다.
둘째, 홈택스에 사업자 본인 명의 신용·체크카드 등을 등록한다.
셋째, 대금 지급은 될 수 있으면 계좌이체로 한다.
넷째, 현금을 지급하고 현금영수증을 발급받는다.
다섯째, 사업자 간 거래에는 세금계산서를 발급받는다.
여섯째, 신용카드나 체크카드를 사용했다면 결제 후에 받는 종이 전표 영수증을 분실해도 걱정할 필요는 없다.

세금계산서도 전자세금계산서를 발급받았다면 홈택스에서 전산 조회가 가능하므로 챙겨야 할 증빙자료는 종이로 된 세금계산서뿐입니다.

단, 주의할 점은 홈택스 신용카드·체크카드 등록 시 여기에 등록한 카드는 사업 관련 지출에만 써야 한다는 것입니다. 개인적인 지출(사업과 연관성 없는)은 등록하지 않은 카드로 썼을 때 나중에 따로 정리할 필요가 없습니다.

위 세 가지 정도만 습관을 들여도 사장님은 최고의 절세를 이미 하고 계신 것입니다.

알아두면 도움이 되는
정부지원제도

❶ 청년창업 중소기업 소득세 감면 제도

예비창업자 : 청년창업중소기업의 소득세 감면이 된다고 하는데, 나이와 업종 요건이 무엇인가요?

택스코디 : 청년창업중소기업에 대한 세제 지원이 확대되었습니다. 최초로 소득이 발생한 과세연도와 그 다음 과세연도는 100% 감면, 순차적으로 75%, 50% 비율로 5년간 감면됩니다.

2017년 1.1 이후 창업하는 분부터 적용합니다. 청년창업 중소

기업이란 개인의 경우, 창업 당시 15세 이상 29세 이하인 사람, 다만 병역법 등에 따라 병역을 이행한 경우 그 기간을 창업 당시 연령에서 **빼고** 계산한 연령이 29세 이하인 사람을 포함합니다. 업종은 28개 업종에 한하여 적용됩니다. 업종의 범위는 조세특례제한법 제6조 제3항에 열거되어있습니다.(음식점은 포함, 개인 서비스업은 불포함)

위의 요건에 해당하는 창업자라면 꼭 관할 세무서에 확인을 해보세요.

❷ 고용촉진지원금 지원대상 및 지원한도

고용촉진지원금이란 여성가장, 장애인 등 노동시장의 통상적인 조건하에서 취업이 특히 곤란한 취업취약자의 고용촉진을 도모하기 위하여 취업취약자를 채용한 사업주에게 지원금을 지원하는 것을 말합니다. 취업취약자의 고용을 촉진하기 위하여 취업취약자를 고용한 사업주에게 인건비를 지원하는 것입니다.

◉ 지원대상
① 고용노동부장관이 지정하는 취업지원프로그램을 이수하고 직업안정기관(취업희망풀) 등에 구직등록한 실업자를 고용한

사업주

② 구직등록 후 1개월 이상 실업상태에 있는 중증장애인, 여성 가장 등 취업취약자 및 취업지원프로그램을 참여하기 어려운 도서지역 거주자를 고용한 사업주

◉ 지원내용

　우선지원대상기업의 경우 근로자 1명당 총 지원금액은 1년 720만 원이며 6개월 지급액은 360만 원입니다. 대규모 기업은 근로자 1명당 총 지원금액은 360만 원이며, 6개월 지급액은 180만 원입니다.

　지급기간 동안 사업주가 부담하는 임금의 80%를 초과하여 지원할 수 없으며 지원대상자는 최대 30명까지 가능합니다. 피보험자 수가 10인 미만인 경우에는 3명까지만 지원이 가능합니다.

◉ 신청절차

　취업희망풀 등에 등록된 취업취약자 채용 → 3개월 이상 고용 유지 → 고용촉진지원금 지급신청 → 사실관계 확인 후 지급합니다. 지원대상자를 고용하여 6개월 이상 고용을 유지한 경우 1년간 매 6개월마다 지급을 합니다.

　단, 근로계약기간에 정함이 있거나 최저 임금의 110% 미

만을 지급하는 경우, 사업주의 배우자 또는 4촌 이내의 혈족, 인척은 지원을 받을 수 없습니다.

◉ 신청기관
사업장 소재지 관할 고용센터(문의 1350)

◉ 신청서류
고용창출장려금 지급신청서, 새로 고용한 피보험자의 월별 임금대장 사본 및 입금지급을 증명할 수 있는 서류, 근로계약서 사본 1부, 중증장애인 또는 여성가장 등의 지원자를 고용한 경우 이를 증명하는 서류(해당자에 한함)

◉ 지급되지 않는 경우
① 근로자 임금이 지급되지 않은 경우 및 근로기준법 제43조의2에 따라 임금 등을 체불한 명단이 공개 중인 사업주
② 사업주가 고용촉진장려금 지급대상자를 고용하기 전 3개월부터 고용 후 1년까지(고용촉진장려금 지급대상자의 고용기간이 1년 미만인 경우에는 그 고용관계 종료 시까지를 말한다) 고용조정으로 근로자를 퇴직시키는 경우는 지원이 되지 않으며 장려금을 받은 경우에는 반환을 해야 합니다.
③ 비상근 촉탁근로자

④ 최저임금법 제5조에 따른 최저임금 110% 미만의 임금을 지급하기로 한 근로자. 단 최저임금법 제7조에 따라 적용 제외된 경우는 제외합니다.

⑤ 사업주가 해당 근로자의 이직(해당 사업주가 해당 근로자를 고용하기 전 1년 내에 이직한 경우에 한정한다) 당시의 사업주 같은 경우. 다만, 근로기준법 제25조 제1항에 따라 우선 재고용된 경우와 일용근로자(1개월 미만 동안 고용되는 자)로 고용하였던 자를 기간의 정함이 없이 다시 고용되는 경우는 제외합니다.

⑥ 사업주의 배우자, 4촌 이내의 혈족, 인척에 해당하는 경우

⑦ 대규모 기업이 취업성공패키지 프로그램을 이수한 만 29세 이하 실업자 중 대학을 졸업하고 구직기간이 12개월 미만인 자를 고용한 경우

⑧ 근로 계약기간의 정함이 있는 근로자로 고용한 경우. 다만 취업이 특히 곤란하여 고용노동부 장관이 정한 실업자를 고용하는 경우 1년 이상 근로계약이 가능합니다.

⑨ 해당 근로자의 이직(해당 사업주가 해당 근로자를 고용하기 전 1년 이내에 이직한 경우에 한정된다) 당시 사업주와 합병하거나 그 사업을 넘겨받은 사업주인 경우 등 해당 근로자의 최종 이직 당시 사업과 관련되는 사업주에게 고용된 경우

⑩ 구직등록이 유효하지 않은 경우

⑪ 인턴 사업을 통해 취업한 경우

⑫ 취업성공패키지 참여자 1단계를 마치고 2단계, 3단계에 참
   여하던 중 취업이 되었으나 초기 상담일로부터 1개월 미만
   이며 구직등록 기간이 3개월 미만이거나 실업 기간이 3개
   월 미만인 경우

⑬ 취업성공패키지 참여자 1단계를 마쳤으나 중단한 경우

⑭ 취업성공패키지 참여자 영세자영업자의 경우 폐업하지 않
   고 취업한 경우

⑮ 학교 재학생 신분에서 취업한 경우

   정부 지원을 받기 위해서는 늘 까다로운 확인 작업을 거칩니
다. 정부에서는 이를 악용하는 것을 방지하기 위함인데, 근로자
를 고용하기 전에 꼭 관련 기관에 문의하는 확인 작업은 필수입
니다.

❸ 일자리 안정자금

　최저임금 인상에 따른 소상공인, 영세중소기업의 경영 부담을 완화하고 노동자의 고용불안을 해소하기 위해 2018년부터 시행하는 지원사업입니다. 2018년 한해만 한시적으로 지원하다가 2019년도에도 연장하기로 하였습니다.

◉ 지원대상
　노동자를 30인 미만으로 고용하는 모든 사업주에 대해 지원을 합니다.(30인 미만이라도 제외 대상이 있다. 과세소득 5억을 초과하는 고소득 사업주, 임금체불로 명단이 공개 중인 사업주, 국가 등으로부터 인건비 재정지원을 받는 사업주 등이 해당됩니다)

◉ 지원요건
　월 보수액 210만 원 미만의 노동자를 고용한 사업주이어야 합니다. 또 지원금 신청 이전 1개월 이상 고용을 유지해야 합니다. 상용노동자 및 단 시간노동자는 신청일 현재 고용중이고, 이전 1개월 이상 고용이 유지된 경우 지원을 합니다. 일용노동자는 신청일 이전 1개월 동안 15일 이상 실근무한 경우 1개월 이상 고용 유지한 것으로 간주합니다.

◉ 지원금액

월 보수 210만 원 미만의 상용노동자의 경우 최대 월 15만
원을 지급합니다. 단, 시간 노동자(주 40시간 미만)의 경우 근로
시간에 비례해 지급하고, 일용근로자는 월 근로 일수 기준으로
비례 지급합니다.

◉ 지급방식

직접 지급과 사회보험료 대납 방식 중 선택이 가능합니다.

◉ 문의

근로복지공단 1588-0075, 고용센터 1530

❹ 두루누리 지원사업

고용보험과 국민연금의 두 가지 사회보험에 부담을 느끼는
소규모 사업장의 보험료를 지원하는 사업입니다.

◉ 지원대상

◎ 사업 기준 - 근로자 수가 10명 미만인 사업자(전년도 월 평
균 근로자 수가 10명 미만이고, 지원 신청일이 속한 달의 말일을 기준으

로 10명 미만인 사업자)

　◎ 근로자 기준 - 월 평균 보수가 210만 원 미만인 근로자(지원 신청일이 속한 전년도 재산의 과세표준액 합계가 6억 원 이상인 자, 근로소득이 2,508만 원 이상인 자, 종합소득이 2,280만 원 이상인 자, 이 중 어느 하나라도 해당되면 제외 대상입니다)

◉ 지원금액

　고용보험과 국민연금의 신규가입자에게 최대 90%를 지원합니다. 신규지원자 - 5명 미만 사업자 90%, 5명 이상 80%를 지원합니다. 기지원자 - 40%를 지원합니다.

　예를 들면, 근로자 수 5명 미만, 월 평균 보수 160만 원인 사업주 - 매월 77,607원 지원, 동일한 조건 근로자 - 매월 74,160원 지원을 합니다. 근로자 수 5명 - 10명 미만, 월 평균 보수 160만 원인 사업주 - 매월 65,920원 지원, 동일한 조건 근로자 - 매월 65.920원 지원을 합니다.

◉ 문의

근로복지공단 1588-0075, 고용센터 1530

초보 창업 컨설팅북

초판 1쇄 발행   2019년 8월 19일

지은이   정효평·최용규
펴낸이   윤석진
총괄영업   김승헌
책임편집   양승원
디자인   이성우 ArtierLee

펴낸곳   도서출판 작은우주
출판등록일   2014년 7월 15일 (제25100-2104-000042호)
전화   070-7377-3823
팩스   0303-3445-0808
주소   서울특별시 마포구 월드컵북로4길 77, 3층 389호
이메일   book-agit@naver.com

ISBN   979-11-87310-27-3   03320